유품 정리인은 보았다

KB053167

유품정리인은 보았다

2019년 9월 25일 개정3판 1쇄 인쇄
2019년 10월 2일 개정3판 1쇄 발행

지은이 | 요시다 타이치 · 김석중
펴낸이 | 이종춘
펴낸곳 | (주)첨단

주소 | 서울시 마포구 양화로 127(서교동) 첨단빌딩 5층
전화 | 02 338-9151
팩스 | 02-338-9155
인터넷 홈페이지 | www.goldenowl.co.kr
출판등록 | 2000년 2월 15일 제20000-000035호

전략마케팅 | 구본철, 차정욱, 나진호, 이동후, 강호묵
제작 | 김유석

ISBN 978-89-6030-535-9 13040

BM 황금부엉이는 (주)첨단의 단행본 출판 브랜드입니다.

황금부엉이에서 출간하고 싶은 원고가 있으신가요? 생각해보신 책의 제목(가제), 내용에 대한 소개,
간단한 자기소개, 연락처를 book@goldenowl.co.kr 메일로 보내주세요. 집필하신 원고가 있다면
원고의 일부 또는 전체를 함께 보내주시면 더욱 좋습니다. 책의 집필이 아닌 기획안을 제안해 주셔
도 좋습니다. 보내주신 분이 저 자신이라는 마음으로 정성을 다해 검토하겠습니다.

유품 정리인은 보았다

요시다 타이치 · 김석중 지음

BM 황금부엉이

사람은 모두 벌거숭이로 태어난다. 자신의 몸 외에는 무엇 하나도 가지고 있지 않다. 그렇지만 죽을 때는 다르다. 죽는 방법은 천차만별이다. 그리고 많고 적음의 차이는 있지만 반드시 무엇이든 물건을 이 세상에 남기고 간다.

가재도구와 의류, 일용품, 책과 잡지, 앨범 등의 기념품과 취미로 모은 수집품 등 예를 들면 끝이 없을 정도의 물건을 남기고 가는 것이다. 이런 유품들은 나중에 남은 가족과 친척들에게 분배되지만 모든 물건들이 주인을 만나는 것은 아니다. 장롱 등의 가구류와 전자제품 등은 이미 가지고 있기 때문에 필요 없는 경우도 있다. 취향이 맞지 않는다든지, 더 이상은 집에 물건을 들이지 못하는 사정도 있을 것이다. 그러나 필요 없는 유품들 가운데 100퍼센트, 남은 사람이 절대로 갖고 싶지 않은 것은 고인(故人)의 시체가 남긴 흔적이다.

누구나 가족과 일가친척들이 지켜보는 가운데 편안한 임종을 맞이하는 것은 아니다. 아무도 모르는 사이에 조용히 고독하게 죽어가는 사람도 적지 않다. 그래도 곧 발견된다면 괜찮겠지만 꼭 그렇지만도 않다. 계절에 따라 차이는 있지만 사후(死後) 며칠이 지나면 시체는 반드시 부패해서 시취(屍臭)가 발생하기 시작한다. 방 안은 시간이 흐름에 따라 점점 심각한 상태가 되고, 점차 방 안에 있는 모든 물건에 시취가 베여서 지워지지 않게 되어 버린다. 시취가 베인 유품을 곁에 두고 싶은 유족은 그리 흔치 않을 것이다.

유품정리인은 이처럼 여러 가지 사정으로 수령할 사람이 없는 유품을 처리하고, 고독사(孤獨死)의 경우에는 그 시체가 있었던 흔적을, 냄새를 포함해서 완전히 제거해서 원상태로 회복시키는 일을 대신하고 있다. 고인이 생전에 아꼈던 물건과 고인의 추억과 관련된 것 등은 반드시 승려를 통해서 공양해드린다. 결국 유품정리라는 일은 어떤 의미로는 저 세상으로 가버린 사람들의 '천국으로의 이사를 돕는 것'이라고 말할 수 있을지도 모르겠다.

이제부터 내가 이 일을 시작하고 4년 동안 경험한 여러 가지 드라마를 소개하고자 한다. 꽤 놀라운 일이 있을지도 모르지만 이것은 모두 '실제로 있었던 일'이다. 이 책을 읽고 있는 당신 주변에서 일어난다 해도 결코 비정상적인 일은 아닐 것이다.

차례

* 제47화부터 제66화까지는 국내 키퍼스 코리아 사례입니다.

01.

시취를
느끼지 못한 이유

한 층 아래에 살던 부친의 죽음을
한 달 동안이나 알아차리지 못했던 아들

장의사의 소개로 날아든 이 의뢰는 '사망 후 한 달된 집'이었다.
그 집은 오래된 5층짜리 임대주택의 3층에 있었다. 엘리베이터는
물론 없었다. 계단은 좁았고, 천정은 철근이 드러난 채 배관되어
있는 데다 각 집의 현관 앞에는 나무로 된 우유병 넣는 통만 쓸쓸
하게 매달려 있었다.

그 집의 주인은 75세의 독거(獨居)노인이었다. 의뢰인인 아들,
장의사와 함께 1층 우편함 앞에서 모였을 때부터 이미 그 냄새는
감돌고 있었다. 간단한 인사와 함께 장의사는 돌아가고, 나와 아
들이 3층에 있는 집으로 올라갔다. 2층까지 올라갔는데 문득 발
밑을 보니까 계단 옆 빈틈에 통통하게 살이 찐 구더기가 돌아다니
고 있는 것이 눈에 띄었다.

'어쩌면 엄청난 상태가 되어 있겠는걸.'

페인트가 벗겨져서 녹슨 철문을 조심조심 여니까 예상대로 현관은 그야말로 발 디딜 틈도 없는 상태였다. 힐끗 본 아들의 옆모습은 새파랗게 질려서 자기는 절대 저 안으로 들어갈 수 없다고 말하는 듯 했다. 여기서 프로가 겁먹은 모습을 보여주면 안 되겠기에, 나는 다시 한 번 정신을 가다듬고 구더기가 비교적 적은 마루를 목표로 해서 크게 한 발 내디뎠다.

방 세 칸 중에 제일 안쪽에 있는 다다미방이 현장이었다. 큰 불단(佛壇) 앞에 아무렇게나 방치해 놓은 이부자리가 있었고, 덮인 이불의 일부가 사람의 모습처럼 변색되어 있었다. 나는 용기를 내어 이불을 걷었다. 수많은 구더기 덩어리가 이불 속에서 꿈틀거리고 있었다. 마치 구더기 부화장 같았다. 여기까지 와서 그만둘 수는 없었기에 분무기로 살충제를 닥치는 대로 뿌려 구더기를 퇴치하기 시작했다. 15분 정도 모든 방에 살충제를 뿌리고 집 밖으로 탈출했더니 아들의 모습이 보이지 않았다. '밖에서 기다리고 있겠지'라는 생각에 1층으로 내려가 봐도 아들의 모습은 어디에서도 볼 수 없었다. 도깨비에게 홀린 것 같은 기분이 들어 주위를 둘러보다가 위에서 부르는 소리에 올려다보니 3층과 4층 사이의 계단 통로에서 아들이 손을 흔들고 있었다.

"미안합니다. 지금 내려갈게요."

"예……."

대답은 했지만 왠지 납득할 수 없어서 갸우뚱하고 있으니, 아들이 쑥스러운 듯한 얼굴로 말했다.

"미안합니다. 우리 집에 다녀왔더니……."

"집이라면, 그럼 4층이 댁입니까?"

"네, 그렇습니다." 아들은 아무렇지도 않게 대답했다.

"그래요?" 집에 가 있었든 4층에 살고 있었든, 별 상관은 없지만 부친이 아래층에서 돌아가셨는데 한 달이나 지나도록 몰랐다니 그게 이상했다. 실례라고 생각하면서도 결국 물어보았다.

"4층에 살고 있으면서 냄새를 못 느꼈습니까?"

"미안합니다. 야근이 많았고, 아버지하고 좀처럼 만날 기회가 없어서 몰랐습니다."

"저한테 사과하실 필요는 없지만, 조금만 더 자주 들여다보았으면 좋았을 텐데."

"저도 지금에 와서야 그런 생각이 드네요."라며 아버지가 살던 집을 바라보는 아들에게 나는 견적서를 건네며 말했다.

"이 내용으로 괜찮으시면 사인해 주시겠습니까? 상태가 상태인 만큼 내일 작업을 하려고 하는데요. 괜찮으시겠습니까?"

"네, 잘 부탁드립니다."

다음 날 작업을 끝내고 작업비 결재를 위해 위층의 아들 집에 가니 생각지도 못한 전개가 기다리고 있었다. 이번 일도 있고, 자기도 이사해서 심기일전하고 싶으니 이사 견적을 내달라고 했다. 나로서도 일거리가 느는 것은 대환영이었기에 그 집 안으로 들어갔는데, 여기도 만만찮았다.

"미안합니다, 지저분해서." 아들이 머리를 긁적이며 말했다.

"3년 전에 아내가 집을 나가고부터는 초등학교 3학년 아들과 둘이서만 살다 보니 청소도 못하고 이런 상태가 되었습니다. 이사라고 해봐야 가지고 갈 물건도 별로 없으니까 조금만 챙겨주면 됩니다."

일을 하기로 하고 나오다가 문득 '아, 그것 때문이었겠구나.' 하고 납득이 되었다. 아들의 집은 말 그대로 '쓰레기 맨션'이었다. 여름이라서 집 안에서도 항상 뭔가 썩는 것 같은 냄새가 났기 때문에, 3층에서 나는 시취(屍臭)[1]를 느끼지 못했을 것이라는 생각이 들었다. 수수께끼는 풀렸지만 초등학생인 아들이 안쓰럽기도 하고, 빨리 이사하지 않으면 병에 걸릴 수도 있겠구나 싶어서 조금 걱정이 되었다.

나는 문득 어렸을 적 내 아이를 떠올리며 아이에게 말을 걸었다.

"○○군, 괜찮아? 좀 있으면 아버지가 이사할 테니까 기운을 내! 아저씨들이 깨끗하게 해줄게."

그런데 이런 환경에서 자란 탓에 늠름해졌는지, 아니면 이 아이가 원래 어른스러운 것인지는 모르겠지만 그 아이는 나를 똑바로 쳐다보며 씩씩하게 말했다.

"아버지는 바쁘고, 또 성격상 정리 정돈하는 것은 무리라서 저는 포기했어요. 하지만 이번에 이사하면 집은 제가 깨끗하게 할 거니까 괜찮아요."

"기특하네."

아이가 "오늘 고마웠습니다."라고 말했다. 나는 깜짝 놀랐다. 돌아가신 할아버지도 좋은 손자가 있어서 다행이라고, 천국에서 기뻐하고 있지 않을까 생각되었다.

02。

불에 타버린 딸의 마지막 모습, 그리고 아버지의 눈물

방화에 의한 살인으로
외동딸을 잃은 아버지의 슬픔

그날 나는 언제나처럼 유품정리 의뢰를 받아 견적을 내기 위해 현장으로 향했다. 예정 시각보다 20분 정도 빨리 도착했다. 약속 장소였던 맨션 1층의 입구에 와서 문득 눈앞에 우뚝 솟은 10층 건물을 올려다본 순간, 나는 "왜?"라고 혼잣말로 중얼거렸다. 전화로 들었던 의뢰받은 층의 한 집, 방 하나의 창문 주위가 검은 페인트라도 쏟아 부은 듯이 새까맣게 되어 있었던 것이다.

'혹시 화재? 그럼 불에 타서 죽은건가?'

난 좀 불안한 기분이 되어 의뢰인이 도착하기를 기다렸다. 찾아온 사람은 백발이 드문드문 섞인 머리를 7대 3으로 가르마를 한, 회사원처럼 보이는 초로(初老)의 남성이었다.

"상심이 크시겠습니다."

"수고하십니다."

간단한 인사와 함께 고개를 숙인 의뢰인의 눈 주위에는 딸을 잃은 아버지의 깊은 슬픔과 피로함, 그리고 곤혹스러운 얼굴빛이 역력히 보였다. 나는 직감적으로 엄청난 현장일 것임을 느꼈다. 예상대로 그 방은 화재로 인해 한쪽 벽면이 손도 대지 못할 정도로 새까맣게 그을려 있는 데다가 화재 현장의 독특한 냄새가 아직 남아 있었다. 이래서야 견적을 내려고 해도 거의 다 그을음에 덮여 있어 유품을 정리할 수 있는 상태가 아니었다. 그런데 이런 것은 안중에도 없다는 듯이 의뢰인인 남성은 눈앞에 있는 물건을 닥치는 대로 분류하기 시작했다.

"바보 같은 녀석, 연락도 한 번 없이……."

신음하는 듯이 중얼거리는 소리가 들려왔다. 나는 어떻게 말을 걸어야 할지 몰라 여기저기 흩어져 있는 물건들을 한쪽 구석에 모으기 시작했다.

"실컷 걱정만 끼치고, 부모 말도 안 듣더니 결국 이 꼬락서니라니."

"……."

"전화라도 한 통 걸어줬더라면 이렇게까지 되지는 않았을 것을."

드디어 의뢰인이 무거운 입을 열어 묻지도 않은 사건의 전말을 들려주었다. 죽은 사람은 갓 스물두 살이 된 딸이었다. 이틀 전에 경찰로부터 전화를 받고서야, 가출하듯이 집을 뛰쳐나간 채 연락 두절되었던 딸이 이 맨션에 살았다는 것을 알았다. 엄마는 충격을 이기지 못하고 몸져누워 버렸기 때문에 현장에는 올 수 없었다.

사인(死因)²은 방화에 의한 것이었다. 이부자리에서 자고 있는 사이에 동거하던 남자가 이불에 등유를 뿌리고 불을 질렀다는 것이다. 딸은 죽었고 범인도 체포되었지만 너무 비참한 사건이라 나로서도 어떤 반응을 보여야 할지 당황스러웠다.

견적서를 건네주고는 "나중에라도 괜찮으니까 다시 연락을 주십시오."하고 집을 나오려던 순간, 뒤에서 "바로 해주시오!"라는 화난 듯한 목소리가 들려왔다. 놀라서 뒤돌아본 나에게 의뢰인이 단호하게 말했다.

"견적서대로 좋으니까 바로 작업해 주시오! 내 기분 알 것 아니오!"

"예, 하지만."

"어쨌든 난 여기서 일어난 일을 빨리 지워 버리고 싶소. 내일이라도 전부 처분해 주시오!"

당황한 나에게 의뢰인이 처절하게 말했다.

"미안하외다. 그만 감정이 복받쳐 와서……. 사실은 딸아이가 외동딸이오. 스무 살이 될 때까지 매년 가족 여행을 함께 갈 정도로 사이가 좋았는데, 항상 자기 엄마를 생각하는 착한 아이였는데……."

"……."

"그랬는데 2년 전에 아르바이트를 시작하면서부터 갑자기 딴 사람처럼 변하더니, 얼마 후 집을 나가 행방을 알 수 없었지."

"그랬군요. 어머니께서도 상심이 크시겠습니다."

나는 이렇게 잠시 의뢰인의 이야기에 귀를 기울이고 그가 조금 진정된 것을 본 후 집을 나왔다. 다음 날 희망대로 작업을 끝내고, 남은 유품은 공양(供養)³하기 위해 회사에 보관했다. 우리 회사에서는 인수자가 없거나 혹은 인수하지 않는 물건들은 정기적으로 합동 공양하고 있다.

작업 당일에는 맨션의 주인이 나와서 잠시 이야기를 할 수 있었다. 그 사람의 말에 따르면 그 집의 임대계약서 상의 이름은 죽은 여성이고, 남자는 제멋대로 동거하고 있던 상황이었기 때문에 화재로 인한 집의 손해배상⁴은 여자 측 유족에게 요청하게 되었다고 한다.

어렸을 때부터 애지중지 키운 딸이었기에, 결코 부모에게 억한 심정이 있을 리 만무하건만 결과적으로는 이처럼 어처구니없는 슬픈 사건이 생기고 말았던 것이다. 너무나 현실과 동떨어진 사건이었기에 보면서도 실감나진 않았었지만, 아버지가 흘린 그 눈물에는 죽은 딸에 대한 애절할 정도의 따뜻함이 흘러넘치고 있음을 알 수 있었다.

03.

핏줄조차 찾지 않는
죽어서도 여전한 고독

냉장고에 선명하게 쓰여 있는
'인내(忍耐)'라는 두 글자가 의미하는 것

집은 비어 있는 듯했다. 몇 번이나 벨을 누르고 문을 두드려도 안에서는 기척이 없었다. 물론 집 밖에도, 일단 아파트 밖으로 나와 수첩을 꺼내어 다시 주소를 확인했다. 번지와 아파트 이름, 호수, 모두 틀림이 없었다. 나는 휴대전화를 꺼내어 이 의뢰인을 소개해 준 장의사 담당자에게 연락을 했다.

"지금 현장에 와서 기다리고 있는데 아무도 없는 것 같아서……."

그런데 담당자는 그럴 리가 없다고 자신만만하게 대답했다.

"형이라는 사람이 기다리고 있을 텐데요. 본인이 직접 그렇게 말했으니까요."

나는 할 수 없이 미리 알아두었던 의뢰인의 휴대전화로 연락해 보았다. 전화는 바로 연결됐지만 문제는 여기에서부터였다.

"아, 지금 비행기 타고 집으로 돌아가는 길이라 그곳에서는 만날 수 없으니, 집주인에게 말해서 열쇠를 받아 주세요. 대금은 입금할 테니 일이 끝나면 처리 비용은 전화주시구요."

전혀 미안하다는 기색도 없이 그런 말을 하는 의뢰인 탓에 나는 온몸의 힘이 빠지는 듯 했다.

"그렇게 말씀하셔도 일단 유족이 입회하지 않으면 안 됩니다. 나중에 무슨 일이라도 있으면 안 되니까."

"귀중품 때문에 그렇습니까? 아마 그런 것은 없을 테니까 전부 처분해 주세요."

그야말로 막무가내였다. 나는 의뢰인을 설득하는 것을 단념하고, 집주인에게 가서 사정을 설명한 후 집주인의 입회 아래 그 집으로 들어갔다. 이 집에서 죽은 사람은 56세의 혼자 사는 남자였다.

대충 예상은 하고 있었지만 그 예상을 훨씬 뛰어넘는 난잡한 상태로, 아니나 다를까 악취가 코를 찔렀다. 눈앞에 펼쳐진 쓰레기 더미를 헤쳐 나가며 겨우 방 중간 정도까지 진입했을 때 나도 모르게 멈춰 섰다. 화장실 문 아래쪽에 직경 50cm 정도의 큰 구멍이 나 있는 게 보였기 때문이었다. 그것은 톱 같은 것으로 매끈하게 잘라낸 것이 아니라, 몇 번이고 반복해서 발로 차서 생긴 것 같은 구멍이었다.

게다가 더욱 더 놀란 것은 그 옆에 있는 냉장고에 검은 매직으로 선명하게 쓰인 '인내(忍耐)'라는 두 글자. 도대체 화장실 문의 구멍과 '인내'라는 두 글자는 무엇을 의미하는 것일까. 나는 집 안에 가득한 악취도 잊은 채 그 자리에서 생각에 잠겨 버렸다.

'뭔가 좋지 않은 일이 있던 날에는 뭔가를 대신해서 저 화장실 문을 힘껏 차면서 참고 있었던 것일까? 도대체 고인은 무엇을 견디려고 했던 것일까?'

집주인의 말로는 죽은 사람은 20년 전부터 이 아파트에 살고 있었고, 월세 체납도 없이 착실하게 일하고 있었다고 한다. 그런데 3개월 정도 체납이 계속되고 연락도 되지 않아서 이틀 전에 집에 찾아갔었는데, 이상한 냄새가 나서 경찰과 함께 집 안에 들어가 보니 이불 위에 죽어 있더라는 것이다. 죽은 지 2개월 이상 지난 것 같다고 했다.

한편 고인의 형은 어제 큐슈의 구마모토(熊本)에서 와서 경찰을 만나고 화장장에도 얼굴을 내밀었지만 동생이 살던 집에는 들르지 않았다. 집주인에게는 전화 한 통만 하고 구마모토로 돌아가 버린 것이었다. 연체된 집세 정산이나 장의사에게 줄 돈은 책임지겠다고 약속했지만 '적어도 한 번 정도는 와서 봐주면 좋았을 텐데'라며 집주인은 아쉬워하는 듯 했다.

결국 그날 다시 고인의 형에게 연락했고, 다음 날에는 집을 치우고 유품정리를 완료했다. 고인의 형이 말했던 것처럼 확실히 귀중품은 전혀 없었기 때문에 연금수첩과 사진, 인감 등을 모아서 구마모토로 보냈다.

인내……

고인은 어떤 심정으로 이 집에서 이십여 년의 나날들을 보내
왔을까?

고인의 형은 어째서 동생의 집에 들러서 유품 하나라도 챙기
려 하지 않았을까?

벽에 붙어 있던 젊은 시절의 액션 배우 고바야시 아키라(小林
旭)의 포스터와 리모컨도 없는 구형 텔레비전이 이 방에 흐르는
시간을 가로막고 있었던 것일까?

04.

알려지고 싶지 않았던
성도착증

—

한쪽 벽면 가득히 붙어 있는 사진들

의뢰인은 고인(故人)과 이혼한 전 부인이었다.

저녁 7시가 지났을 무렵이었다. 견적을 내기 위해 그 집에 들어가 불을 켜려고 스위치를 손으로 더듬고 있을 때 머리에 뭔가 끈 같은 것이 닿는 것을 느꼈다. 반사적으로 그것을 손으로 잡고, 벽을 더듬거려 스위치를 켜고 나니 그것의 정체를 알 수 있었다. 벽장에 걸려 있는 한 줄의 끈이었다.

말할 것도 없이 고인은 그 줄을 사용해서 저승길로 여행을 떠난 것이었다. 지금까지 몇 번이나 이런 줄을 봐 왔지만 역시 맨손에 닿으니까 아무래도 기분이 좋지 않았다. 자살 현장인 집의 경우 대부분 시체는 바닥에 떨어진 상태로 발견된다. 가끔 공포 영화 등을 보면 백골이 된 시체가 로프에 걸려 늘어진 채 기분 나쁘게 흔들리고 있는 장면을 보게 되지만, 실제로 그런 일은 아마 없을 것이다. 왜냐하면 시체가 부패하는 과정에서 가느다란 줄이 목에 파고들다 보면, 목이 그 무게를 지탱할 수 없게 되기 때문이다.

그래서 목을 매서 죽은 시체가 발견된 집의 마루나 다다미에는 특유의 얼룩이 생기는 특징이 있고, 그날 본 다다미에도 그 흔적이 뚜렷이 남아 있었다. 시체가 있었던 장소를 밟지 않도록 신중하게 넘어서, 안쪽에 연결된 방에 들어와 불을 켠 나는 엉겁결에 "앗!"하는 비명을 지르고 말았다.

대략 2천 개쯤 되어 보이는 '비디오테이프 산'이 눈앞에 나타났기 때문이다. 거의 100%가 성인비디오였다. 비디오 외에는 컴퓨터와 모니터 세트가 4대, 주간(週刊) 사진 잡지와 흔히 말하는 에로 잡지가 수백 권이었다. 이 정도 양이라면 죽은 사람은 그 분야에 관련된 직업을 가지고 있었던 게 아닌가 하는 생각도 잠깐 떠올랐지만, 한쪽 벽면 가득히 붙어 있는 사진이 그 생각을 지워버리게 했다. 본인의 것으로 생각되는 남성의 성기가 찍혀 있었던 것이었다. 말하자면 일종의 마니아라고 불리는 부류의 사람이었다고 생각된다. 방구석에서 이렇게 방대한 수집품을 어떻게 처리할 것인지 고민하고 있을 때, 의뢰인인 부인이 20대 중반 정도의 딸과 함께 집 안으로 들어왔다. 처음에는 밖에서 기다리고 있을 거라고 했지만 마음이 바뀐 것 같았다.

"저, 아무래도 보시지 않는 게 좋을 것 같은데……." 나는 당황해서 두 사람에게 말했다.

"괜찮아요. 걱정하지 마세요. 알고 있으니까."

그렇게 말하곤 두 모녀는 아무것도 보이지 않는다는 듯이 태연하게 그 수집품이 가득 찬 방으로 들어왔다. 안경을 쓴 착실한 회사원처럼 보이는 딸이 거의 자포자기한 표정으로 엄마에게 말했다.

"정말 부끄럽게, 역시 하나도 변하지 않았던 것 같아. 아빠는."

"그러네, 하지만 어쩔 수 없잖아. 불쌍하니 어떻게든 해드려야지."라고 말하면서 부인이 나에게 미안한 표정으로 말했다.

"이런 집을 정리시켜서 미안하지만 부탁드려도 될까요?"

나는 "물론이죠."라고 고개를 끄덕이고는 시취가 매우 심하므로 그날 중으로 시체가 있었던 장소를 처리하고 나서, 다음 날 다시 완전히 철거할 생각이라고 부인에게 전했다. 부인에게 언뜻 들은 얘기로는, 이혼의 원인은 역시 고인의 성도착증이랄까, 수집품 때문이었지만 그 취미만 빼고는 좋은 아버지였고 남편이었다고 한다.

부인의 이야기를 듣고 있는 동안 나는 인간에게는 이성으로서도 어떻게 할 수 없는 업(業)과 같은 것이 있다는 것을 실감하게 되었다. 헤어진 남편의 이상한 행동을 부끄러워하지도 않고, 그렇다고 화를 내지도 않으면서 불쌍하다고 말하는 부인과 딸에게 나는 한 남자로서 박수를 보내고 싶다는 생각이 들었다.

05.

쾌활하기 짝이 없는
기묘한 의뢰인

아내가 살해당한 며칠 후에
노래방에서 열창하고 있는 남편의 본성

죽은 사람의 유품을 처리하는 것은 누구에게나 그다지 기분 좋은
일은 아니다. 특히 그것이 가까운 친족의 불행이라면 더더욱 그렇
다. 그렇기 때문에 견적을 내기 위해 의뢰인을 만나 얘기를 나누
어도 멍한 듯한 인상을 받는 것이 보통이다.

그러나 그날의 의뢰인은 좀 달랐다. 부인이 죽은 지 얼마 지나
지 않았는데도 이상하게 빠릿빠릿하다고 할까, 친절하기도 하고
수다스럽기까지 했다. 더욱이 사망 원인이 심상찮기도 했다. 누군
가에 의해서 참혹하게 살해당했던 것이다.

그러므로 당연히 '살인 현장'의 유품정리가 되는 셈이었다. 집
안은, 마루는 물론이고 천정에서 벽까지 빨갛게 물들인 것처럼 주
위가 피범벅이었다. 예리한 칼을 사용한 범행 같았는데, 흉기와

함께 범인도 아직 밝혀지지 않았다고 했다. 경찰로부터 현장 검증이 끝났으니 실내에 남아 있는 혈흔을 제거하고 소독해도 된다고 들었다며 오늘이라도 당장 작업을 시작하라는 의뢰를 받았지만, 유품정리는 후일 경찰로부터 승낙이 떨어지면 다시 일정을 정하기로 했다.

논의가 끝나고 바로 차로 돌아가서 작업복으로 갈아입은 후 작업을 시작했지만, 우리들이 일을 하고 있는 동안 남편은 계속 농담과 쓸데없는 얘기를 하며 우리들한테서 떨어지려고 하지 않았다. 친절한 손님이긴 했지만 그 태도에 나는 점점 화가 치밀어서 결국 버럭 소리를 지르고 말았다.

"좀 조용히 해주세요!"

남편은 처음에는 깜짝 놀란 듯이 눈을 껌뻑거리며 나를 보고 있더니 갑자기 방을 나가 버렸다. 잠시 후 그는 다시 방으로 돌아왔지만 그때부터는 화난 표정으로 우리들 작업을 말없이 노려보고 있었다. 작업은 한 시간 정도로 끝났기 때문에 그날의 작업비를 받고, 남은 작업에 관해서는 나중에 연락을 받기로 하고 의뢰인의 집을 나왔다. 밖에 세워둔 차에 작업 도구를 싣고 회사로 돌아가려고 할 때였다. 아마도 근처에 살고 있는 것처럼 보이는 할머니 한 분이 다가와서 나에게 말을 걸었다.

"끔찍했지?"

"예? 뭐……."

우리 쪽에도 비밀 보장의 의무가 있기에 의뢰인에 대한 일을 자세하게 얘기할 수는 없었다. 대충 얼버무리는 나를 상관하지 않고 아주머니는 흥분한 어조로 말하기 시작했다.

"엄청난 원한을 가진 듯한 범행이었다고 집주인이 그러더라고."

"아, 그렇습니까?"

"그런데 남편이라는 사람은 자기 아내가 죽었는데 어제 밤에도 노래방에서 노래를 불렀다는구먼."

"……"

"가게 주인아주머니도 그만 좀 적당히 하라고 화를 내서 내쫓았다고 하던데."

"그런 일이?"

"남편은 일도 제대로 하지 않고, 부인이 일해서 생활비를 벌고 있었는데 이렇게 죽어 버리다니 불쌍해서 어쩌나."

나는 그저 소문 좋아하는 할머니의 말에 귀를 기울이고 있을 수밖에 없었다. 회사로 돌아와서 바로, 이번 일을 소개해준 장의사에게 할머니한테 들은 말을 포함한 보고를 했다. 장의사에게서 들은 답변은 내가 느꼈던 일종의 위화감을 뒷받침하는 것이었다.

"그 남편이라는 사람, 좀 이상하더라고요. 장례식 때도 그렇고 화장(火葬)할 때도 그렇고, 나한테 농담을 하는 거예요. 주위 사람들도 그 사람한테는 아무도 말을 걸려고 하지 않고……."

"그랬습니까?"

"형사가 말하는 투로 보면 유품정리에 관한 의뢰는 당분간 오지 않을지도 모르겠네요."

인사를 끝으로 전화를 끊은 나는 '어쩌면?' 하는 생각이 들었다. 역시나 그러고 나서 열흘이 지났는데도 유품정리를 의뢰하는 전화는 오지 않았다. 나는 남편의 휴대전화로 연락을 해봤으나 '고객의 사정에 의해 현재 통화가 불가능하다'는 음성만 나왔다. 날짜를 두고 몇 번이나 다시 시도해도 결과는 같았다. 이제는 상대방으로부터 연락을 기다릴 수밖에 없었다.

그러고 나서 다시 일주일 정도가 지난 어느 날이었다. 사무실 근처 식당에서 점심을 먹으면서 얼핏 본 TV 화면에 어디선가 본 듯한 얼굴 사진이 나오고 있었다. 나는 무의식중에 젓가락 든 손을 멈춰 버렸다. 그렇다. 틀림없이 그 남편이었다. '역시'라고나 할까, '놀랄 수밖에 없다'고나 할까, 결국 그가 아내를 죽인 범인이었던 것이다.

그날 저녁 사무실 직원 한 명이 한 장의 견적서를 보면서 나에게 말했다.

"이 견적서에 사인한 사람이 살인범이었군요."

지금까지 TV 속에서만 일어난다고 생각했던 일들이 사실은 주위에서 일어나고 있음을 실감하게 한 사건이었다. 정말로 세상에는 어떤 일이 일어날지 모르는 일. 무섭다. 이 일에 종사하면서 많은 사람의 죽음과 이해하기 어려운 현실을 많이 봐 왔다고는 하지만, 진짜 살인범을 대한 것은 처음이었기 때문에 조금 충격적이었다. 하지만 어쨌든 죽은 부인의 명복을 빌어주고 싶은 마음이다.

06.

가장 자유롭고 풍요롭던 그곳,
주소가 없는 집

설마 노숙자의 유품정리를
하게 되리라고는 상상도 못했다

어느 화창한 일요일이었다. 견적 후 바로 작업을 해줄 수 있느냐
는 의뢰 전화가 왔다.

"알겠습니다. 그럼 주소를 불러주시겠습니까?"

회사 스태프 B군이 물으니까 "없습니다."라고 대답했다.

"죄송하지만 주소가 없으면 찾아갈 수가 없습니다만."

"정말 없습니다."

전화 목소리로는 착실한 사람 같았기에 장난전화 따윈 아닐
거라 생각하고, B군은 "그럼 어떻게 하면 되겠습니까?"라며 상대
방의 대답을 기다렸다.

"그러면 ○○시에 있는 ○○공원의 입구에서 오후 1시에 만나
면 어떻겠습니까? 거기서부터 안내하겠습니다."

"예……."

"바로 작업할 수 있도록 트럭으로 와 주시겠어요?"

B군은 반신반의하며 우선은 약속 장소로 향했다. 약속 장소인 공원 주변에는 집으로 보이는 건물은 거의 없고, 가까이에 전국적으로 알려진 큰 강둑이 있을 뿐이었다. 십 분 정도 지나자 두 명의 의뢰인이 찾아왔다. 형제라는 두 명과 서로 인사를 나눈 후 바로 B군이 물었다.

"현장은 어느 쪽입니까?"

"사실은 저기입니다."

두 사람은 그렇게 말하곤 하천부지 쪽을 가리켰다.

"네?" 멍하게 있는 B군에게 두 사람이 한 말은 정말 기상천외한 일이었다.

"부끄러운 얘기지만 사실은 돌아가신 아버지가 4년 전부터 노숙자로 지내시면서, 여기 하천부지의 풀숲에 사셨습니다. 부탁드릴 것은 아버지가 사셨던 비닐 천막 같은 집과 가재도구 전부를 정리해 주었으면 하는 것입니다."

분명 유품은 유품이지만 설마 노숙자의 유품정리를 하게 될 줄은 상상도 못했던 일이라 B군은 한동안 대답을 할 수 없었다고 한다.

"놀라게 해드려서 정말 죄송합니다. 처음부터 사실대로 말하면 좋았겠지만 그러면 거절할 것 같아서……."

형의 말에 이어 동생이 계속했다.

"이런 생활을 해오긴 하셨지만 아버지께는 휴식처였다고 생각됩니다. 그러니 이대로 방치해둘 수는 없다고 형과 얘기하고, 제대로 정리해서 공양(供養)할 수 있는 것은 공양하기로 했습니다."

B군은 아버지를 생각하는 형제의 마음에 등 떠밀리듯이 두 사람을 따라가게 되었다. 야구하는 사람, 조깅하는 사람, 산보를 즐기는 커플 등으로 번잡한 하천부지를 달려 인적이 드문 어떤 곳에서 B군은 트럭을 멈추었다. 물길에서 15미터 정도 떨어진 풀숲 속에 고인의 집이 서있었다.

푸른 천막으로 덮인 집의 크기는 높이 1.2미터, 폭 3미터의 정사각형 캐러멜 같은 형태였고, 골조도 단단하게 되어 있어 어떤 비바람에도 견딜 만한 구조였다. 집 안도 의외로 깨끗하게 정리정돈되어 있었고, 이불은 물론 냄비와 솥, 식기, 조미료 등이 완비되어 있을 뿐만 아니라 책도 많이 있고, 독서용인지 손전등이 4개나 비치되어 있었다.

자기들도 도울 테니까 집을 통째로 철거해줄 수 있느냐는 부탁에 B군은 그 장소에서 수락하고 바로 작업을 하기 시작했다. 스태프인 조수 1명과 형제를 포함한 4명이 2시간 정도 걸려 작업한 결과, 고인의 집은 흔적도 없이 사라졌다.

그래도 지금까지 여러 사람의 유품정리를 도와왔지만 이번 같은 일은 두 번 다시는 없을 것이다. 스태프와 함께 땀을 닦으면서 돌아가신 부친의 꿈과 자취를 정리하는 형제의 모습을 보고 있는 동안 뭔가 깊은 감동을 받았다는 B군의 말과 상기된 표정을 지금도 분명히 기억한다.

　그런데 하천부지에 있던 다른 사람들은 그들의 작업을 보고 어떤 상상을 했을까.

07.

멈출 수 없었던
스토커의 집념

"나는 경험이 있으니까 알 수 있어요.
아마 안에서 누군가 죽어 있을 거예요."

이번 현장은 도심에 있는 원룸 맨션이었다. 사인(死因)은 손목을 끊고 자살한 것이었다. 맨션의 임차인은 25세의 여성으로 의뢰인은 그 여성의 아버지였다.

"입회는 하고 싶지 않습니다. 위임장을 적을 테니 전부 알아서 해주십시오."

결국 견적이나 작업하는 날에도 현장에는 오지 않을 것이라고 말하고 집의 열쇠는 우편으로 보내 왔다. 사후(死後) 4일이나 지난 후에 발견되었기 때문에 현장은 끔찍할 것이라고 예상되었다.

아버지 말로는 딸은 동경에서 취직해서 이 원룸에서 혼자 살았다고 한다. 그런데 반년 정도 전부터 어떤 남성에게 스토킹당하기 시작했고, 그것이 너무 무서워서 결국에는 지난달에 회사도 그만두고 집으로 도망쳐 숨은 사이에 일어난 일이었다. 딸의 집에서 자살한 사람은 그 스토커 남자였다. "휴대번호도 바꾸고 이제 겨우 딸도 진정되었다고 생각하던 차에⋯⋯." 한탄하는 듯한 말투로 의뢰인이 얘기를 해주었다.

일의 발단은 집주인의 전화에서부터 시작되었다. "혹시 따님과 연락이 되시나요? 사실은 따님의 방에서 이상한 냄새가 나서 이웃 사람들이 불평을 하고 있거든요."

"우리 딸은 여기에 있습니다만?"

"아! 그래요? 그럼 정말 다행이네요. 사실은 그 냄새가 아무래도 시체 썩는 냄새 같다고들 해서, 바로 옆집 사람은 밤에 잠도 못 자고 먹지도 못 한다고 합니다. 상황이 이렇다 보니 불길하지만 혹시 따님에게 무슨 일이 있는 건 아닌가 하는 생각까지 들어서요."

온화해 보이는 부친이었지만 그때만큼은 화가 났다고 한다. "우리 딸은 멀쩡합니다!"

"죄송합니다. 그건 알겠지만 일단 내일 집 안을 확인하고, 만약 악취의 원인을 알게 되면 정리를 해달라고 전해 주시겠습니까?"

"우리 딸아이 집이 분명합니까?"

"정확히 그 집이 원인인지는 아직 모르겠지만, 이웃들이 모두 힘들어 하니 협조를 부탁드립니다."

부친이 그 일을 딸에게 전달했지만 딸은 완강하게 거부했다. 그래서 할 수 없이 부친이 딸을 대신해 그곳에 가게 되었던 것이다. 그날 원룸에는 집주인도 와 있었다. 듣던 것처럼 아주 심한 악취가 나고 있었고, 그것도 딸의 집이 가장 심하다는 것을 부친도 알 수 있었다. 마음을 가다듬고 아버지가 단숨에 문을 열었을 때 새까만 안개 같은 것이 "윙~" 하는 소리를 내며 방에서 뿜어 나왔다. 그것의 정체는 무수한 파리 떼였다. 부친과 집주인은 엉겁결에 머리를 감싸고 도망쳤다고 한다.

도대체 방 안에서 무슨 일이 일어났는지 혼란스러워 하는 부친에게 집주인은 말했다.

"나는 경험이 있으니까 알 것 같아요. 아마 집 안에 누군가 죽어 있을 거예요."

"네?"라고만 했을 뿐, 부친은 더 이상 아무 말도 할 수 없었다. 집주인이 연락하자 곧 경찰이 와서 안으로 들어갔다. 발견된 것은 그 스토커 남자의 썩어 문드러진 시체였다. 결국 부친은 경찰서까지 임의 동행으로 취조를 받게 될 처지가 되었다.

집에서 죽은 사람은 2년 정도 전에 딸이 아르바이트하던 곳의 선배였다. 반년 전부터 사귀어 달라고 했지만 그럴 마음이 없는 딸은 상대하지 않았다. 그 남자는 개의치 않고 딸을 스토킹하기 시작했고, 그것이 최근 점점 심해졌기 때문에 위험을 느낀 딸이 집으로 몸을 숨긴 동안에 일어난 사건이었다. 하지만 스토커가 딸도 모르는 사이에 집 열쇠까지 복사해 가지고 있었다는 말에는 놀랄 수밖에 없었다. 그 남자도 그 대단한 집념을 다른 어떤 일에 쏟아 부을 수는 없었던 걸까.

08.

찾았다! 쓰레기 더미 속으로 없어진 인감도장

"그 인감도장이 발견되지 않으면
전 죽을 수밖에 없어요."

부동산 매매나 보험 계약을 할 때 나중에 생길 문제를 미연에 방지하기 위해 '중요 사항 설명의 의무'가 업자 측(側)에 있다는 것은 잘 알려진 사실이다. 우리 역시 돌아가신 분들의 더할 나위 없이 귀중한 재산을 취급하고 있기 때문에 중요한 사항에 대해서는 미리 설명하도록 노력하고 있다.

"작업을 시작하기 전에 다시 한 번 소지품과 귀중품의 확인을 부탁드립니다. 현금이나 몸에 지니고 나갈 수 있는 작은 물건 같은 것은 집 안에 두지 마십시오. 만일 필요 없는 물품에 섞이면 나중에 찾을 수 없음을 이해해 주십시오."

언제나처럼 그렇게 설명하니 의뢰인은 "괜찮습니다."라며 고개를 크게 끄덕였다.

"필요한 것은 아무것도 없으니 작업을 시작해 주세요. 저는 작업이 끝날 즈음에 다시 돌아올 테니 잘 부탁합니다." 작업은 5시간 정도로 완료. 그것을 확인한 의뢰인도 우리의 일처리에 만족한 모습이었다.

"그러면 수금을 해야 하니 작업 완료 확인 사인과 도장을 부탁합니다."

내 말이 끝남과 동시에 의뢰인이 작은 목소리로 "앗!" 하고 외쳤다.

"없어요! 여기에 둔 편의점 비닐봉지 못 보셨어요?"

"예? 여기에 뭔가 두고 가셨어요?"

"예, 인감을 편의점 봉지에 넣고 창틀에 두었는데……."

"죄송하지만 작업 전에 제가 설명했잖습니까? 만에 하나 폐기물에 섞이면 찾을 수 없다고 말씀드렸는데, 기억하십니까?"

"죄송합니다. 듣긴 들었지만 그만 잊어버리고……."

의뢰인은 보기에 불쌍할 정도로 어찌할 바를 몰라 헤매고 있었다. 그다지 큰일도 아닌데 왜 저럴까 하고 생각하던 나에게 의뢰인이 매달리듯이 말했다.

"정말 면목 없지만, 트럭 안을 좀 찾아봐 주시겠어요? 이 집은 아버지한테 상속받은 것이라 내일 오전 중에 현금 결제 조건으로 매각해서, 그 돈으로 빚을 갚는다는 약속을 했습니다. 그게 인감 도장이라서 내일 아침 9시 계약할 때 그 도장이 없으면 계약불이행이 됩니다. 그렇게 되면 빚도 갚을 수 없게 되고, 저는……."

"……."

"전 죽을 수밖에 없어요. 어떻게 하죠?"

"죽을 수밖에 없다니, 그렇게 귀중한 물건을 왜?"

이런 말이 목구멍까지 올라왔지만 이제 와서 상대방을 탓해도 소용이 없었다. 사실 그런 귀중한 물건을 잊어버리고 나간 사람이기에 정말로 창틀에 두고 갔는지조차 의심스러웠지만 그렇다고 포기하라고 말할 수는 없었다. 찾아보는 수밖에 없었다.

"알겠습니다. 찾아봅시다."

"감사합니다."

"그런데 여기서는 어떻게 할 수가 없습니다. 처리장까지 같이 가주시겠습니까? 거기서 하나하나 확인하며 찾아봅시다. 스태프들은 다른 일 때문에 같이 갈 수 없어 저와 둘이서만 찾아야 되는데 그래도 괜찮습니까?"

"물론입니다. 어디든지 따라갈 테니 부탁드립니다."

오후 3시에 현장을 나와 일단 회사로 돌아가 남은 일을 정리하고 "자, 일단 가볼까!"하고 큰 소리로 외쳐보았지만 아무래도 기분이 나지 않았다. 그래도 마음의 준비를 하고 우리들은 곧장 처리장을 향했다. 오후 5시가 지나 도착해서 의뢰인과 둘이 종이 박스를 하나하나 열어 안을 체크했다. 1시간이 지나고 2시간, 4시간이 지나도 인감은 발견되지 않았다. 트럭의 짐을 거의 90% 다 내린 상태라서 역시나 하고 생각하고 있을 때 의뢰인의 "찾았다!" 라는 소리가 창고 안에 울려 퍼졌다.

"찾았나요?"

"찾았어요, 찾았어! 살았다! 이제 죽지 않아도 돼!"

쓰레기 더미 위로 뛰어올라 기뻐하고 있는 의뢰인에게 "정말 다행이네요!"라고 말하며, 나는 그 자리에 털썩 주저앉아 버렸다. 다음 날 무사히 집도 팔고 빚도 갚았다는 연락이 회사로 왔다. 이후 그 의뢰인은 빚쟁이 생활에서 탈출하고 새로 시작한 장사에 성공해서, 이제는 많은 손님들을 우리 회사에 소개시켜 주고 있다.

서비스업이라는 게 돈이 안 되는 서비스도 포함되어 있다는 것을 실감하게 한 일이었지만, 이런 돈 안 되는 서비스야말로 의뢰인으로부터 받는 중요한 평가 요소일지도 모른다. 귀찮아하지 않고 찾아드려서 다행이라고 생각하는 반면, 더욱 친절하게 웃는 얼굴로 했었다면 더 좋았을 거라고 조금 반성하기도 했다. 혹시 마지못해 찾고 있는 것처럼 보였을지도 모르겠다.

그날 이후 사정이 어떻든 다른 사람이 곤란한 상황에 있을 때는 이것저것 따지지 말고 기분 좋게 도와주려고 마음먹고 있다.

09.

오해 속에 길을 잃은
갈 곳 없는 유품

돌아가신 모친의 벽장 속
낡은 나무상자 안에 있었던 것은

"어쨌든 입회 같은 것은 일절 하고 싶지 않습니다. 그 사람의 유품은 하나도 남기지 말고 전부 처분하세요. 실버타운의 관리인과 상담해서 알아서 해주시고, 대금은 송금하도록 하겠습니다."

의뢰인은 고인(故人)의 아들이었지만 그 사람은 고인을 '그 사람'이라고 부르고, '어머니'라는 단어는 거의 쓰지 않았다.

원래는 의뢰인이 현장에 와서 가재도구나 귀중품 등을 확인한 후에 서면(書面)으로 신청을 받지만, 워낙 강하게 요구하는 바람에 의뢰인 측에서 관리사무소로 전화 한 통만 하고, 당일은 입회 없이 견적을 내게 되었다.

현장에 가보니 변사도 아닌 깨끗한 방이라서 어떤 사정이 있음이 분명했다. 관리사무소 측의 말로는 보증인인 아들은 자동차로 30분 정도 거리에 살고 있는 듯 했는데, 모친이 입소하고부터 돌아가실 때까지(위독하다는 연락을 했을 때도) 단 한 번도 모습을 나타내지 않았고, 그뿐 아니라 친척 한 명도 보인 적이 없어서 황당했다고 한다.

견적을 끝내고 나는 그 장소에서 전화를 걸었다. 견적으로 산정한 금액을 전하고 귀중품들을 보내기 위해 주소를 물으니, 전화기 저편에서는 선뜻 대답을 하지 않고 고민하고 있음을 알 수 있었다.

"주소가 꼭 필요합니까?"

"통장이나 인감 외에도 현금과 사진 등이 있어서……."

"저는 정말 아무것도 필요 없으니 그쪽에서 전부 맡아서 처리하세요."

"그렇게 말씀하셔도,"

"모두 포기하는 것으로 하면 안 되겠습니까?"

"아무리 모두 포기하신다고 말씀하셔도 현금이나 유가증권류는 저희들이 처분할 수도, 인수할 수도 없습니다. 그렇게까지 말씀하신다면 시설에 기부할 수도 있지만, 그러기 위해서는 위임장을 받아야만 합니다."

"서류 같은 건 쓰고 싶지 않습니다. 어쨌든 이제 상관하고 싶지 않습니다. 지금까지 그만큼 고생시켰으면 됐지 더 이상은 못합니다. 아무튼 상속인은 저밖에 없으니 누가 뭐라 할 사람도 없습니다. 그래도 안 됩니까?"

내가 그래도 안 된다고 하니 결국 의뢰인은 내 요구를 받아 주었다.

"알겠습니다. 그럼 주소만 말씀드리죠. 그렇지만 직접 만날 수는 없는데 그래도 좋습니까?"

"괜찮습니다." 결국 내가 직접 전하는 대신 택배로 보내기로 하였다.

작업 당일 귀중품을 찾으면서 유품 분별 작업을 하고 있을 때 벽장 구석에서 낡은 나무상자가 나왔다. 안을 열어 보니 완전히 색이 바랜 종이 로봇이었다. 로봇의 다리에는 '3학년 2반 O山O男'라고 연필로 쓴 명찰이 붙어 있었다. 아마도 초등학교 미술시간이거나 여름방학 숙제로 만들었던 것 같았다. 그리고 로봇의 밑에는 사진 한 장이 들어 있었다. 기모노(和服)를 입은 엄마와 엄마 소매에 얼굴을 묻은 채로 이쪽을 향해 수줍어하는 5, 6세 소년의 모습이었다. 두 사람 모두 아주 행복해 보였다. 아마 조금 전에 전화로 얘기를 나누었던 아들과 돌아가신 모친일 것이다. 상자 안에는 그 외에도 학교 성적표와 문집(文集), 학예회 팸플릿과 같은 물건들이 소중하게 보관되어 있었다. 차마 버릴 수 없어서 전화로 "유품으로 보내드릴까요?" 하고 물었지만 대답은 한 마디, "필요 없습니다."였다.

도대체 그 모자(母子) 사이에 무슨 일이 있었을까? 고객의 프라이버시를 캐는 것은 물론 좋지 않지만, 그래도 나는 단순히 남의 일이라고만 생각되지는 않았다. 이 양로원의 작은 방에서 조용히 돌아가신 할머니의 일을 생각하니 가슴이 메어 허무한 마음이 엄습해 왔다.

작업을 마치고 회사로 돌아오는 차 안에서 스태프인 직원이 중얼거리듯 불쑥 말했다.

"항상 일이 끝나면 만족감이나 성취감 같은 것이 있었는데, 오늘 할머니께는 아무것도 해드린 것이 없는 것 같아 왠지 죄송한 마음이 드네요."

그 말에 나도 묵묵히 수긍할 수밖에 없었다. 아마 그 아들은 모친의 진짜 마음도 모른 채 일생을 보냈겠지만 그렇다고 해서 제삼자(第三者)인 우리들이 어떻게 할 수 있는 문제도 아니었다. 아무리 내가 말로 설득한다고 해도, 저렇게 완고하게 거부하고 있는 아들의 마음을 움직일 수는 없었을 것이다. 그렇지만 언젠가 자신도 나이가 들어 돌아가신 어머니와 같은 나이가 됐을 때 문득 부모의 마음을 알게 되는 그런 날이 올지도 모르겠다. 그런 깨달음을 위한 마지막 끈을 내가 자른 것 같다는 느낌에 2년 가까이 지난 지금도 양로원에 작업하러 갈 때마다 마음이 아프다.

10.
갑자기 걸려 온
기막힌 항의 전화

—

"담당자를 바꿔 주시오.
담당자를!"

활짝 갠 기분 좋은 아침이었지만, 그날 처음으로 걸려 온 전화 한 통이 나를 최악의 하루로 떨어뜨렸다. 전화한 사람은 젊은 여자였다.

"저, 부탁할 것이 있는데……."

도무지 뭘 해달라고 하는 건지 정확히 알 수 없어서 다시 물었다.

"당사는 유품정리를 도와주는 회사인데 유품정리 의뢰를 원하시는 건가요?"

그 질문에 대해서는 YES도, NO도 하지 않은 채, 그 여자는 다시 질문만 했다.

"지금이라도 올 수 있나요? 가능한 빨리 와 주셨으면 하는데, 어느 정도나 걸리나요?"

나는 상대의 말을 끊고 설명을 했다.

"견적을 받지 않으면 요금을 제시할 수 없습니다. 게다가 주소도 모르니까 어쨌든 자세하게 내용을 듣지 않으면 지금 바로는 갈 수 없습니다."

"아, 그래요!"

"장소는 어디십니까?"

"그럼 다시 걸겠습니다."

여자는 그렇게만 말하고 전화를 끊어 버렸다. 이런 일방적이랄까 대응하기 곤란한 전화는 의외로 자주 오기 때문에 나는 그다지 신경 쓰지 않았는데, 저녁에 슬슬 퇴근하려고 준비하고 있을 때 전화가 다시 왔다.

"집에는 몇 시에 올 수 있는 겁니까? 우리는 집에서 계속 기다리고 있었는데 전화 한 통도 없이, 당장 담당자를 바꿔 주시오. 담당자를!"

갑작스런 항의 전화였다. 이번에는 남자였는데 아주 단단히 화가 난 모양이었다. 나는 아침에 걸려 왔던 이상한 전화를 완전히 잊어버린 채 회사 안의 누군가가 실수를 했을지도 모른다고 생각하고 신중하게 대응했다.

"손님, 죄송하지만 성함을 알려주시겠습니까? 지금 바로 조사해서 다시 연락드릴 테니 전화번호도 알려주십시오. 정말 죄송합니다."

"허!" 하면서 혀를 차더니 상대방이 이름과 연락처를 남겼고, 나는 각 지점에 전화를 걸어 이와 같은 발주가 있었는지 확인했다. 그러나 누구도 그런 전화를 받은 적이 없다는 것이었다.

나는 바로 조금 전 손님에게 전화를 걸었다. "죄송하지만 혹시 우리 회사의 담당자 이름은 기억하고 계십니까? 확인했는데 오늘 근무자 중에는 손님의 전화를 받은 사람이 없는 것 같습니다. 신청은 언제 하셨습니까?"

"오늘 아침 아내가 전화를 했을 텐데……."

"!"

나는 그때서야 겨우 오늘 아침의 전화를 떠올렸다.

"손님, 그 전화라면 제가 받았었는데 성함이나 주소 등을 전혀 말씀하시지 않아서 정식으로는 접수되어 있지 않습니다만."

"그랬습니까……?" 상대방의 말투는 조금 머뭇거리는 듯 했지만, "미안합니다."라는 말은 나오지 않았다.

"아내에게 신청하라고 말하고, 나는 시청에 갔기 때문에 몰랐습니다."

"그랬습니까?"

"자, 그럼 지금 신청할 거니까 오늘 올 수 있습니까?"

자기 아내가 잘못한 것임에도 불구하고, 사과 한 마디 없이 그런 말을 하는 상대에게 은근히 화가 나기도 해서 거절할까 하다가 꾹 참고 가기로 했다.

"좀 늦어질 텐데 그래도 괜찮으시다면 지금 가도록 하겠습니다."

그리고 나서 한 시간 후 나는 현장에 도착했다. 아마도 아침에 전화했었을 부인은 나를 맞을 때도 계속 눈을 피하며 아주 미안해

하는 모습이었다. 방에서 기다리고 있던 남편에게 인사하고 견적을 내려고 일어서려는 순간 남편이 큰소리로 부인에게 호통을 치기 시작했다.

"이봐! 정중히 사과하지 못해! 당신 때문에 나도 나쁜 사람이 됐잖아! 여기 와서 이 사람에게 사과해!"

완전히 겁먹은 모습으로 방에 들어온 부인을 옆으로 보면서 나는 남편을 달랬다.

"손님, 저는 괜찮으니 사과하지 않으셔도 됩니다."

나는 그런 일보다 빨리 견적을 끝내고 싶었다. 그런데 남편은 물러날 수가 없었는지 결국 아내가 다다미에 손을 얹고 사죄할 때까지 계속 화를 내었다. 겨우 그렇게 일단락되고 견적을 내기 위해 가재도구를 체크하고 있는데, 남편은 무슨 생각인지 파친코⁵에 다녀오겠다며 집을 나가 버렸다. '이 집은 도대체 어떻게 된 건지…….' 그런 생각을 하며 그럭저럭 완성된 견적서를 부인에게 보여주려고 할 때 또다시 부인이 이해할 수 없는 말을 했다.

"죄송하지만 아마도 당신에게 부탁할 일은 없을 것 같습니다. 여기는 제 친정인데, 견적만 내고 그 금액을 제 형제에게 요구하고 나면 정리할 생각도 하지 않을 거예요."

나는 "네?" 하며 할 말을 잃었다.

"그 사람은 그런 사람이에요. 오늘 아침에도 "걸어, 걸어" 하며 하도 닦달해서 할 수 없이 당신네 회사로 전화했던 겁니다."

"……."

"한심한 이야기지만 남편은 원래 그런 식입니다."

기막히다는 말이 바로 이런 일일 것이다. 나는 이제 뭐라 말할 기분도 아니고 해서 묵묵히 견적서를 집어넣고는 회사까지 한 시간 거리의 길을 돌아왔다. 헛고생만 하고, 남은 것은 허탈감밖에 없는 최악의 날이었다. 이 글을 읽고 있는 여러분은 이건 특별한 경우일 거라고 생각할지도 모르지만, 안타깝게도 이런 제멋대로인 사람이 꽤 많이 있다.

자기에게 이익이 되는 일이라면, 상대방을 불쾌하게 하거나 불편하게 만드는 것을 아무렇지도 않게 생각하고 행동하는 사람이 아주 많다. 거기에는 양심이나 도덕 같은 것은 없고, 다만 손해와 이득이 있을 뿐이다. 만약 그런 사람이 가까이 있다면 관계하지 않는 게 좋다. 그 부인도 불운이라면 불운이지만 그래도 자기가 선택한 상대이다. 그보다는 전혀 모르는, 제멋대로인 사람에게 물벼락을 맞은 내가 더 불운하다는 생각이 들었다.

11.
집주인의
갑작스런 재난

—

고독사(孤獨死)는
집주인에게 있어서 불행한 일이다

그 현장에는 마지막까지 유족이 찾아오지 않았다.

진정한 고독사(孤獨死)[6]였다.

변사체가 발견된 집에서 견적을 받은 사람은 그 아파트의 집주인이었다. 작은 부동산을 꾸리고 있다고 했고, 도수가 높은 안경을 낀 성실하고 정직해 보이는 용모가 부동산업자라기보다는 구청 같은 곳의 창구 직원으로 있는 편이 어울릴 것 같은, 그런 느낌의 사람이었다. 부패한 시체에서 나는 독특한 악취가 풍기는 방 안을 둘러보는 내 뒤에 딱 달라붙어 쉴 새 없이 말을 걸어왔다.

"이 냄새는 없앨 수 있습니까?"

"고지(告知) 의무라고 하나요? 다음 입주자에게 이 일을 말해야만 하겠죠?"

"입을 다물고 있는 건 역시 안 되겠죠?"

"작업은 바로 시작할 수 있습니까?" 등등의 질문공세였다.

집주인의 말이 잠시 끊긴 사이에 이번에는 내가 질문을 했다.

"유족과 연락은 되었습니까? 비용은 그쪽에서 지불하기로 했습니까?"

집주인은 금방이라도 울음을 터트릴 것 같은 힘없는 목소리로 대답했다.

"그것이, 처리 비용은 일단 유족 측에서 지불하기로 했는데, 다른 집에서…….."

"다른 집이라니요?"

"이 아파트는 전부 4가구밖에 없잖아요. 그런데 이번 일 때문에 만약 한 집이라도 이사를 가버리면 정말 곤란한 처지가 됩니다."

집주인은 냄새가 나는 것도 잊었는지 크게 한숨을 내쉬고는 말을 계속했다.

"사실 이 아파트는 버블(bubble) 때 샀어요. 투자 목적으로, 말하자면 수익을 기대하고 산 물건이었지요. 하긴 버블 때였으니까 이런 34년이나 된 작고 낡은 아파트가 1억 엔(円)이었지요. 지금 생각하면 터무니없지만, 결국 수익성은 최악이었고 땅값이 올라가기를 기대할 수밖에 없었는데 거품이 걷히고 나니…….."

"그래도 장소는 좋은 곳 아닙니까? 동경의 한가운데인 데다가 지하철역도 가깝고."

이 말이 그때 내 입에서 나온 최대한의 위로의 말이었다.

"확실히 도심(都心)은 도심이지만 주차장도 만들 수 없는 좁은 곳이라 앞으로 땅값이 올라갈 가능성은 거의 없습니다. 지금도 겨우 대출 이자나 내는 정도인데 이번 일로 옆집 사람은 다음 달에 이사할 거라고 하지, 위층 사람도 이사를 생각하고 있다고 하지, 그렇게 되면 임대료 수입이 거의 없어지죠. 이웃 사람들한테서는 계속 항의가 들어오고, 여기서 사람이 죽어나갔다는 소문도 퍼지고 있어서 다음 입주자를 찾는 것은 거의 불가능한 상황입니다. 정말 엎친 데 덮친 격이 됐습니다."

"예, 정말 운이 나쁘다고밖에 할 수 없군요. 짐작이 됩니다."

"그러게 말입니다. 설마 이런 일이 있을 거라고는……."

꺼져 들어가는 듯한 주인의 이야기에 남 일이지만 암담하다는 생각이 들었다. 집 자체는 방 3칸에 부엌이 있어 나름대로 넓었지만, 상당 부분을 리모델링하지 않으면 아무래도 다시 임대하기는 어려운 상황이었다. 솔직히 나도 대답하기가 곤란해졌다. 집주인은 유족에게 보상을 타진해본 것 같았지만, 유족 측은 집의 보증금을 포기하는 대신 기본적으로 가재도구의 철거 비용 외에는 일절 지불할 수 없는 입장이라고 했다.

고독사가 증가함에 따라 집주인이 겪는 리스크도 더욱 커질 것이 분명하고, 같은 이유로 독거노인의 입주를 거절하는 임대인은 점점 늘어날 것이라는 게 쉽게 상상이 된다. 결국 살 곳을 잃은 노령의 노숙자도 증가할 것이고, 노인 시설의 부족은 더더욱 표면화될 것이다. 고독사는 죽은 사람 본인뿐만 아니라 남은 사람, 그리고 집을 빌려준 측에게도 불행한 일이다. 독거노인의 고독사를 미연에 방지하는 일에 대해, 우리들은 물론 국가나 지방자치단체에서도 진지하게 고민해야만 할 때라고 생각된다.

12.

집주인을 격노시킨
한 마디

—

"아버지의 뒤처리 따위는
하고 싶지 않으니까."

동경의 낡은 주택가, 40년 이상 된 낡은 목조 아파트의 단칸방에
서 한 노인이 조용히 죽어 있었다. 집은 다다미 네 첩 반(넉 장 반)
짜리 단칸방, 살림살이를 모두 합해도 작은 트럭이면 충분할 정도
였다. 의뢰인은 친족이 아닌 아파트 주인이었다.

"유품정리를 해주셨으면 합니다."

집주인의 성난 듯한 말투로 봐서는 꽤 화가 난 듯 했다. 아마
도 뭔가 곤란한 일이 일어나고 있는 것 같았다.

"고인(故人)의 친족으로부터 위임장은 가지고 있습니까?"

이렇게 내가 물으니 집주인은 돋보기안경 깊숙한 곳에서 번뜩
이는 눈을 부릅뜨고 화난다는 듯이 말했다.

"그런 게 있을 턱이 없지. 유족이 있긴 있는데 얼굴을 볼 수 있

어야지!"

돌아가신 분은 이래저래 20년 정도 이 아파트에서 혼자 살았는데, 심장발작으로 그대로 돌아가셔서 2주 후에 발견되었다는 것이다. 경찰이 아들의 주소를 찾아 직접 연락한 덕에 겨우 장례식에 와서 뼛가루만 가지고 돌아갔는데, 그것도 아파트에는 한 번 들르지도 않았고, 집주인에게는 전화로 "포기합니다." 단 한 마디만 했다고 한다. 그 후에는 연락해도 집에 있으면서 없는 체 하며 피하고 있는 중이라고 했다. 나로서도 유족이 있는데 확인도 하지 않고 철거할 수는 없었다. 집주인에게서 받은 메모대로 아들에게 전화를 걸어 보았다.

"아버님의 유품정리에 관해 상담하고 있는 사람입니다."라고 말하고 이번 건에 대해 설명하려고 했는데, 내 말을 가로막으며 아들이 말했다.

"30년 전에 바람을 펴서 마음대로 집을 버리고 나간 아버지의 뒤처리 따위 할 생각이 없습니다."

"그렇게 말씀하셔도 단 한 분뿐인 아버지이지 않습니까?"

"그런 사람 따위 아버지라고 생각하지도 않고 슬프지도 않고, 하여튼 모든 권리를 포기할 테니 처분하든지 말든지 맘대로 하세요." 반론할 말들을 일절 거부하는 듯한 무섭도록 냉정한 목소리였다.

전화를 끊고 나서 걱정된 얼굴로 나를 보고 있는 집주인에게 통화 내용을 전했다. 그러자 집주인은 당장이라도 폭발할 듯한 기세로 나에게 다그쳤다. "그래도 아버지는 아버지이지 않소? 어떻게 그런 무책임한 말을 할 수 있는지 모르겠네. 그렇지 않소?"

결국 나중에 변호사에게 확인받은 후 유품정리를 했고, 비용은 집주인이 부담하게 되었다. 분명 서로가 할 말이 있겠지만 이건 아무래도 어려운 문제였다. 돌아가신 아버지도 분명히 어딘가에서 이 일을 보면서 괴로운 심정이 되지 않았을까 생각된다.

이 경우뿐만 아니라 독거노인의 생활을 방치해서는 안 된다는 생각에 현재 여러 단체가 조직되어 운영되고 있다. 노인이라고 하면 아무래도 개호(介護)[7] 문제가 주목될 수밖에 없지만, 세간의 눈을 피해 조용히 지내고 있는 독거노인을 줄이는 것도 이제부터 사회 전체가 힘써야 할 큰 문제임에 틀림없다.

13.

남동생을 그리워하는
누나의 통곡

망인이 젊을수록
유족의 한도 큰 것이 세상일이다

갑작스런 병사(病死). 아직 20대의 젊은 남성이었다.

가나가와(神奈川)현의 어느 도시에 있는 맨션에서 누나 부부의 입회 아래 견적을 내고 3일 후에 작업을 하게 되었다. 남아 있던 살림살이 중에서 유품으로 남겨둘 것과 폐기물로 처분할 물건을 하나하나 확인하며 작업을 시작한 지 십 분 정도 지났을 때였다. 그때까지 당차게 행동하던 누나가 갑자기 둑이라도 터진 듯이 울면서 주저앉아 버렸다. 나이 들어 죽으면 괜찮다는 것은 아니지만 망인이 젊으면 젊을수록 유족의 한이 더욱 커지는 것이 세상일이다.

우리는 잠시 작업을 멈추고 밖으로 나갔다. 우리 같은 외부인이 어떤 말을 한다고 해서 깊은 슬픔을 위로할 수 없는 게 현실이다. 현관 밖에서 삼십 분 정도 대기하고 있으니 누나의 남편이 미안한 듯이 말을 걸어왔다.

"죄송합니다. 이제 괜찮으니까 부탁드립니다."

"시간이라면 마음 쓰시지 않아도 됩니다. 부인이 진정될 때까지 기다릴 테니까요."

"그렇게 말씀해 주시니 정말 감사합니다."

남편은 그렇게 말하고 머리를 숙이고는 다시 집 안으로 들어갔다. 다음에 문이 열리며 모습을 드러낸 사람은 누나였다. 울어서 부은 눈으로 나를 보며 "뒷일은 남편에게 얘기해 두었으니 잘 부탁드립니다."라는 말을 남기고 혼자 돌아갔다.

남편의 말에 따르면 고인(故人)과 부인은 아주 사이가 좋았던 남매였기에 남편도 어떻게 위로를 해야 좋을지 모를 정도로 부인이 슬픔에 잠겼다고 한다. 그날도 현장에는 데리고 오고 싶지 않았지만 "마지막만은 내 눈으로."라며 고집을 부려 오게 되었다고 했다. 추억이 깃든 물건들을 보고 있자니 지나간 날들이 다시 생각나서 참을 수 없었던 것 같다고 한다. 결국 대부분의 물건은 처분하지 않고 유품으로서 고향인 아키타(秋田) 현까지 전해 드렸다.

"멀리까지 수고 많으셨습니다."

고향에서 물건이 도착하기를 기다리고 계셨던 모친은 이렇게 감사의 인사를 하시고는, 우리들이 물건들을 집 안으로 옮기는 동안 깊은 한숨만 쉬고 계실 뿐 거의 말씀이 없으셨다. 양친도 아들의 너무나도 이른, 너무나도 갑작스러운 죽음에 충격을 받아서 아들이 죽었던 곳에는 올 수가 없었다고 한다.

죽음에 차별이 있는 것은 아니지만 이처럼 특별히 단란했던 가족의 불행은, 일을 돕는 우리들에게 있어서도 뭐라고 말로 표현할 수 없는 허무함과 자괴감을 느끼게 한다. 남겨진 유족들에게 조금이라도 도움이 되도록 소중한 유품 하나하나를 정중히 마음을 담아서 정리하고 도와드리고 싶은 마음이다.

14.

캄캄한 어둠 속
구더기와의 격투

━

그래도 하필 이럴 때
정전이라니……

어느 비 오는 밤이었다. 문자 그대로 쏟아 붓는 듯이 내리는 비였다. 밖을 걸어 다니고 있는 사람은 거의 없었다. 비 오는 날을 그다지 좋아하지 않는 나로서는 우울한 밤이었다. 시계 바늘이 아홉 시를 조금 지났을 때 문득 전화가 울리기 시작했다. 잘 알고 지내는 장의사에게서 걸려 온 전화였다.

"늦은 밤에 미안하지만 지금 오사카(大阪)시의 K마찌(町)⁸에 가주지 않겠어요?" 내용은 고독사(孤獨死)와 관계된 일이었다. 사후(死後) 20일이 지나고서야 발견된 사람의 집으로 가서, 그 사람이 쓰러져 있던 화장실을 청소하고 냄새를 없애 달라는 일이었다.

나는 "아자!" 하고 마음을 굳게 먹고 현장으로 향했다. 현장에 도착하자마자 맨션의 관리인과 이웃 사람들이 나를 에워싸고 소란스럽게 말했다.

"너무 늦은 것 아닙니까! 빨리 작업해 주세요. 모두 괴로워 죽겠습니다!"

"토할 것 같아 밥도 먹을 수 없어요!"

"밥이 문제가 아니라 우린 집 안에 있을 수도 없어요!"

"병에 걸릴 것 같으니 완전히 냄새를 없애 주세요!"

나는 대충 맞장구는 쳤지만 내심 '그런 식으로 말할 것까지는 없지 않나!'라는 생각이 들며 솔직히 좀 화가 나려고 했다.

"알겠습니다. 지금부터 바로 시작할 테니까 잠시 동안만 참아 주십시오."

나는 이렇게 말하고 방호복을 비롯한 작업 도구를 가지러 차로 향했다. 적재함에서 물건들을 꺼내어 맨션으로 향했을 때 건물 사이에 숨듯이 서있는 두 사람을 발견했다.

"유족이 되십니까?" 내가 말을 걸자 왠지 겁먹은 듯한 남성의 소리가 들려 왔다.

"예, 형제입니다."

말의 억양으로 보아 아무래도 토호쿠(東北) 쪽 사람 같았다. 옆에 부인을 동반한 남성은 80세 가까운 고령으로, 농사를 짓고 있는지 허리가 아주 휘어 있어 내 어깨 정도밖에 안 되는 작은 체구였다. 아마도 조금 전에 있었던 이웃 사람들의 심한 항의를 들었을 것이다. 떨고 있는 모습이 나에게까지 전해져 왔다.

"어떻게 하시겠습니까? 같이 안으로 들어가시겠습니까?"

"음, 괜찮으시다면 여기서 기다리겠습니다."

"알겠습니다. 되도록 빨리 마칠 테니 조금만 기다려 주십시오."

나는 이렇게 말하고 4층의 현장으로 향했다. 화장실 천정에 있는 물탱크 파이프에 비닐천이 쳐져 있었다. 발밑을 보니 마루 한쪽에 수천 마리의 구더기가 꿈틀거리고 있었다. 온몸에 오한이 들고 몸이 근질근질하면서 가려워지는 듯 했다. 보기만 해도 몸이 가려워질 정도로 그 수는 엄청난 것이었다. 아무리 익숙해져 있다고는 하지만 너무나도 역겨운 광경에 나는 잠시 맥이 빠져 당분간 그냥 서있을 수밖에 없었다. 2, 3분 정도 지났을까. 나는 다시 정신을 차리고 먼저 구더기를 죽일 약품을 뿌린 후 움직임이 둔해질 때를 기다렸다가 쓰레받기로 구더기를 담기 시작했다.

보통 구더기라고 하면, 집는다는 이미지지만 이건 수가 너무 많아서 덩어리 같은 느낌이었다. 전부 쓸어 담으니 45리터 쓰레기봉투의 반이 넘는 양이었다. 그것을 다른 봉지에 넣고 또 한 번 싸서 3중으로 묶어 종이 박스에 넣었다. 남은 일은 부패해서 녹은 살덩이와 피부 등이 달라붙었던 마루를 세제를 사용해서 씻어내는 일이었는데, 도중에 큰일이 생겨 버렸다.

'쾅' 하고 귀청을 찢을 듯한 소리와 함께 전기가 나가더니 집 안이 깜깜해졌다. 벼락이 떨어졌던 것이다. 더러워진 장갑을 낀 채 손으로 더듬으며 집 밖으로 나갈 수도 없어, 나는 꼼짝 않고 시취가 가득한 화장실에서 전기가 다시 들어오기를 기다릴 수밖에 없었다. 집 밖의 복도에서는 이웃 사람들과 관리인이 전기를 복구하기 위해 허둥대며 바삐 움직이는 소리가 들려 왔다.

"그건 그렇고, 어째서 하필 이런 때에 벼락이 떨어진 건지."

어둠 속을 뚫어지게 응시하며 나는 무심코 이렇게 혼잣말로 중얼거리고 있었다. 삼십 분 정도 지나 전기가 들어와서 청소를 계속하고 탈취 작업까지 끝낸 후, 나는 고인(故人)의 동생 부부가 기다리고 있던 현관으로 돌아왔다.

두 사람 다 심신이 몹시 지쳐 초췌해진 모습이었다. 듣자 하니 부부는 같은 75세의 고령으로 이 맨션에 도착하자마자 거센 항의를 받았고, 게다가 폭우와 벼락에 의한 정전이라는 우발적인 사고까지 겹쳤으니 이 정도면 젊은 사람도 견디기 힘들었을 것이다. 몹시 약해진 부부를 그 장소에 그냥 두고 올 수 없어서 나는 두 분을 호텔까지 모셔다 드렸다. 차 안에서 이야기를 하는 동안 조금 기운을 차렸는지 오늘 아침 오사카에 도착하고부터 쓰러질 것 같아 정말로 이대로 죽는 것은 아닌지 하는 생각을 했다고 한다. 분명 폐가 되는 큰일을 겪었지만, 그 맨션의 주민들과 관리인이 인정사정없이 퍼붓는 말을 들었다면 나로서도 도망가고 싶었을 거라고 생각된다.

갑작스런 가족의 불행을 슬퍼할 겨를도 없이 이웃 사람들에게 머리를 숙인 채로 어떻게 해야 좋을지 몰라 갈팡질팡하는 사람들에게 내가 힘이 될 수 있다고 생각하니, 조금 전 변사(變死) 현장 작업의 수고는 아무것도 아니라는 생각이 들었다.

맨션의 주인은 리모델링 비용을 유족에게 청구하겠다고 말했지만, 연금만으로 겨우 생계를 이어가는 그 노부부에게는 현실적으로 지불 능력이 없을 것이라고 생각된다.

　독거노인의 고독사는 가족에게는 물론이고 아무런 관계가 없는 사람들에게까지 큰 피해를 줄 수도 있다는 것을 주위 사람들도 알아야 한다고 생각한다. 고독사의 문제는 결코 타인만의 일이 아니다. 고독사라도 죽은 지 하루 이틀 사이에 발견되면 문제는 반으로 줄어든다. 뭔가 좋은 방법이 없는 것일까?

15.
아들의 죽음을
납득할 수 없는 모친

——

사람은 분명히 죽음을 향해서
늙어가는 것이다

아이치(愛知)현 A시(市)에 있는 어느 맨션에서 실제로 일어난 오싹한 일화다. 그 집은 한적하고 조용한 주택가 한편에 있는 9층 맨션의 제일 위층이었다. 작업을 의뢰한 사람은 죽은 사람의 사촌형제로 50세 전후의, 언뜻 보기에 은행원풍의 남성이었다. 보통 변사(變死) 현장의 경우 사건이 아니라면 대부분이 고독사(孤獨死)나 자살이지만, 이번에 고독사가 일어난 현장은 놀랍게도 어머니와 아들이 함께 사는 가정이었다.

죽은 사람은 아들인데 목욕탕의 욕조에서 죽어 있는 것을 6일 후에 발견했다고 한다. 이런 말을 들으면 누구라도 '어떻게?'라고 생각할 것이다. 나도 처음에 그 이야기를 들었을 때는 이해할 수 없었다.

알고 보니 모친이 상당히 심각한 치매에 걸려 있어 혼자서는 일상생활을 거의 할 수 없을 정도였던 것이다. 아들이 도와주지 않으면 목욕하는 것도 식사하는 것도 불가능할 정도였다고 한다. 그 생명줄과 같은 아들이 목욕탕에서 쓰러져 죽었다는 사실조차도 모친에게는 이해할 수 없는 일이었던지, 아들이 쓰러진 이후 6일 동안 모친은 먹지도 마시지도 못했기 때문에 발견되었을 때는 쇠약해져서 죽기 직전의 상태였다고 한다. 뭔가 이상한 것을 알아차린 것은 이웃이었다. 며칠 동안 두 사람이 보이지 않는 것을 이상하게 생각한 이웃이 경찰에 연락해서 발견했다고 한다.

이번에 의뢰한 사촌 형제인 남성은 20년 이상이나 소식 없이 지내던 친척의 너무나도 비참한 생활을 눈앞에 두고 충격을 감출 수 없다는 모습이었지만, 우리 작업이 완료될 때까지 현장에 머무르며 모친의 이후 생활에 대해 시청 등에 상담을 해서 대책을 세워 보겠다고 했다.

50세가 지나면 자식이 부모보다 먼저 죽는 경우가 결코 드문 일이 아니다. 부모가 건강하다면 이런 사태에 빠지는 일은 피할 수 있었겠지만, 이미 노인이 된 자식이 늙은 부모를 돌봐주는, 말하자면 노노개호(老老介護)[9]의 현장에서는 이런 비극이 더 많이 일어날 것이라고 상상하는 것은 어렵지 않다.

국가나 자치단체의 대책은 물론이지만, 늙어갈 것이 분명한 자신이 어떻게 이런 문제들에 대처할 수 있을 것인지를 생각해야 할 시대가, 벌써 눈앞에 다가와 있다는 것을 깨달아야 할 때이다.

16.

그들이 찾은 마지막 해답,
연탄 집단 자살

—

평상시와 다른 것은
냄새뿐만이 아니었다

오사카 근교 어느 맨션의 한 집, 문 밖에 서있기만 해도 심상치 않은 이상한 냄새가 코를 찔렀다. 의뢰인은 그 집의 주인이었다. 그러면 임차인 즉, 집을 빌린 사람이 거기서 죽었다고 생각하는 것이 보통이지만 이번에는 그것뿐만이 아니었다.

'아무래도 오늘은 냄새가 지독한데.'

그래도 일은 일이니까 머뭇거리는 나 스스로를 가다듬고 집 안으로 들어갔다. 현장은 3DK(방 3칸에 부엌이 딸린 집) 복도 끝의 침실이었다. 방에 들어선 순간 기체보다 고체에 가깝다고 생각될 정도의 냄새 덩어리가 온몸을 에워쌌다. 평상시와 다른 것은 냄새뿐만이 아니었다. 더러워진 곳이 심상치 않았다. 한 명이 만들 수 없을 정도로 광범위하게 더러워져 있었다.

'동반 자살인가?'

나는 침대와 마루에 퍼져 있는 흔적을 응시했다.

"3명, 이군요."

내 말에 집주인이 작게 중얼거렸다.

"집단 자살이랍니다."

그 말을 뒷받침 하듯이 침대 옆 마루에 화덕 몇 개가 줄지어 있었고, 안에는 하얗게 타버린 연탄이 보였다.

세 명 중에 한 명은 친구였는데 잠시 빌려주고 있던 차에 일어난 일이었다. 세 들어 있던 친구가 다른 두 사람을 불러들여 연탄으로 집단 자살을 시도했다는 것이다. 경찰에서 연락을 받고 오래간만에 와 보니 이런 상황이 되어 있어서 혼란스럽다고 했다. 한 사람은 친구지만 나머지 두 사람은 전혀 모르는 사람이었다.

"왜……?"

집주인은 그렇게 말한 채 입을 다물어 버렸다. 신문과 TV로 집단 자살의 얘기는 듣고 봐 왔지만, 설마 자기 맨션에서 이런 일이 일어날 줄은 누구도 상상하지 않았을 것이다. 그러나 실제로 이런 일이 여기저기에서 일어나고 있다.

들은 바에 의하면 죽은 사람들은 아주 평범한 사회생활을 하고 있던 보통 사람들이었다. 죽음을 선택하지 않아도 인생에는 아직도 즐거운 일들이 많이 있다는 것을 자각하지 못했을 뿐이라고 생각하고 싶다. 세상에는 여러 가지 타입의 사람이 각자의 방식으로 살아가고 있다. 이 사람들도 더 많은 사람들과 교류를 하고, 여러 가지

인생이 있음을 알았더라면 다른 길을 선택하지 않았을까?

인생에는 아직 찾지 못한 여러 가지 보물들이 굴러다니고 있는데, 도대체 왜……?

17.

그가 밟았던 것은?
녹아내린 그것!

———

체액(體液)이라기보다는

인간 그 자체가 녹아내린 것이다

익숙해져 있다고는 하지만 유품정리는 사후(死後) 1주일 이상이 경과된 경우에는 마음의 준비가 필요하다. 코는 사냥을 앞둔 사냥개 같이 민감하게 되지만 얼굴 표정으로 나타내서는 안 된다. 어금니를 꽉 깨물고 태연한 체하며 현장에 돌입해야 한다. 집 안이 어떤 형편이건 간에 결코 표정을 드러내서는 안 된다. 겨울철에는 마음의 준비를 하고 들어갔다가 의외로 맥이 빠지는 경우도 많지만, 여름철에는 각오가 필요하다.

어느 해 여름, 어느 현장에서 마음을 굳게 먹고 작업을 하고 있던 때의 이야기이다. 맨션은 2DK(방 2칸에 부엌이 딸린 집)였다. 사후(死後) 1개월이나 경과되어 이웃들의 불만이 정점에 달해 있었기 때문에, 우리들도 땀과 시취에 찌들면서 고전(苦戰)하고 있었다.

안쪽의 양식 방에 깔린 이부자리 위에서 죽었기 때문에 이불은 더할 나위 없이 더러워져 있었고, 액체화된 그것은 이불 밑바닥 마루까지 스며들어 있었다. 죽을 때 몸을 뒤틀었는지 신체의 반이 이불에서 미끄러져서 바닥 한 부분에는 녹은 신체 조직이 달라붙어 굳어 있었다.

집 안도 정리되어 있다고 말하기는 어려운 상태였고, 살림살이가 여기저기 흩어져 있었다. 작업을 시작하고 1시간 정도 지났을까.

"A군! 차에서 종이 박스 5장 정도만 가지고 와 주게!"

나의 주문에 A군이 "예." 하고 기운차게 밖으로 나갔다가 다시 종종걸음으로 돌아왔을 때였다. 바닥에 늘어놓은 짐 상자를 치우려고 하던 A군이 밟아서는 안 될 장소에 발을 디딘 것이다. 주의를 줄 겨를도 없는 찰나의 일이었다.

그가 밟았던 것은 어떤 물건이었다. A군은 마치 길가에 떨어져 있는 바나나 껍질을 밟고 넘어지는 코미디언처럼 멋지게 그 자리에서 넘어졌다. 허리에서 등 주변까지 다갈색의 물체가 흠뻑 묻어 있는 것을 보고 나는 엉겁결에 눈을 돌렸다. 내가 이 정도니 A군이 당황한 것은 말할 필요가 없을 정도.

"아악!" 하고 비명을 지른 A군의 얼굴은 완전히 굳어 버렸다. 바로 작업복을 벗었지만 속옷까지 악취가 스며들어 작업을 계속할 수 있는 상황이 아니었다. 그 장소에서 샤워를 시키고 예비용

작업복으로 갈아입혔지만 결국 그날은 노팬티였다. 유족의 한 분이 그 말을 듣고는 딱하게 생각해서 A군에게 속옷 값을 찔러주었지만, 어쨌든 직접 닿으면 아무리 세탁해도 시취라는 것은 좀처럼 지워지지 않는다. 결국 작업복도 속옷도 모두 버렸다. 회사로 돌아와서도 그 다갈색의 정체가 신경 쓰여 이 분야에 대해 잘 알고 있는 장의사에게 전화를 걸어 물어봤다.

"그 변 같이 굳어 있는 검붉은 것은 뭡니까? 체액(體液)입니까?"

그는 아무렇지도 않은 듯이 대답했다.

"체액이라기보다는 인간(人間) 그 자체입니다. 녹아내린 거죠."

18.

암투 속에 펼쳐진
조용한 상속 분쟁

━

우리는 사이가 좋으니까 괜찮다고
굳게 믿고 있지는 않습니까?

"피는 물보다 진하다."라고 말하지만 혈연관계이기에 타인이 알 수 없는 복잡한 감정의 갈등이 있는 것도 사실이다. 이 이야기는 어느 형제의 아버지가 돌아가셔서 유품정리를 의뢰받았을 때의 일이다. 연년생 형제라고 말하는 두 사람의 의뢰인은 사십대 중반을 조금 넘긴 나이였다. 회사로 말하면 과장급이라고 할까, 얼굴 윤곽은 물론이고 이마에 머리가 난 모양새뿐만 아니라 말하는 모습까지 아주 많이 닮은 사이좋은 형제였다. 겉모습뿐만 아니라 유품을 누가 가질까 하는 문제로 옥신각신하는 일도 전혀 없이 아주 원활하게 일이 진행되었고, 고맙다고 식사까지 대접받았다.

그런데 다음 날 아침 일찍 동생인 A씨로부터 전화가 왔다.

"어제는 늦게까지 잡아두어서 죄송했습니다. 덕분에 아버지도 기뻐하고 계실 거라고 생각됩니다."

"아니요, 당치도 않습니다. 저희야말로 폐를 끼친 것 같아 죄송합니다."

"그런데 갑작스런 말이지만."

"네?"

"저의 형님한테서 전화가 있었습니까?"

"아니요, 전화받은 적이 없습니다만."

'그런 일은 형님에게 직접 물어보면 될 것을, 뭔가 이상한데.' 하고 생각하면서 나는 A씨의 이야기를 듣고 있었다.

"만약 전화가 오면 비디오와 기름난로는 처분했기 때문에, 제가 가지고 간 것은 아니라고 말씀해 주시지 않겠습니까?"

"죄송하지만 무슨 말씀인지?"

"어쨌든 비디오하고 기름난로는 처분했다고 말해 주십시오. 그럼 잘 부탁드립니다."

내가 대답할 겨를도 없이 A씨는 그것만 말하고는 전화를 끊어버렸다. 그러고 나서 삼십 분도 지나지 않았을 때 이번에는 형인 S씨로부터 전화가 왔다.

"동생한테서 전화 없었습니까?"

대답을 머뭇거리고 있는 나에게 형이 동생과 같은 어조로 말했다.

"만약 아직 안 왔다면 아마 걸려올 테니까 우리 집으로 가져온 TV와 냉장고는 고장이 나서 처분했다고 말해 주시겠습니까? 그럼 잘 부탁드립니다."

머릿속에 물음표를 몇 개나 떠올린 채 책상을 보며 어떻게 할까 생각하고 있을 때 다시 전화가 울렸다. 이번 전화는 형의 부인이었다.

"갑작스러운 말이지만 혹시 제 남편이 전화하지 않았나요?"

거짓말을 할 이유도 없었다. 전화가 왔었다고 하니 수화기 저편에서 갑자기 흐느끼는 소리가 들려오기 시작했다. 전화를 끊을 수도 없어 수화기를 들고 있는 동안에 조금 진정이 됐는지 부인이 다시 말을 하기 시작했다.

"사이좋은 형제로 보였을 거예요."

"예, 부러울 정도였습니다."

"저 형제들은 항상 그렇습니다. 드러내 놓고는 한 번도 싸움을 한 적이 없지만 우리들과 부모님, 아이들까지 휩쓸리게 해서 뒤에서 싸움을 하고 있습니다."

나는 그 말이 바로는 납득이 안 되어 "아, 예……."라고 애매한 답변밖에 할 수 없었다.

"겉과 달리 마음속에서 뭔가 꾸미고 있지는 않을까 서로를 의심하고 있어요. 피해망상이 심하다고 해야 하나, 아무리 생각해도 있을 수 없는 일을 머릿속에서 마음대로 만들어내서는 상대로부터 공격 당할까봐 언제나 떨고 있는 거예요."

"시기심이라는 걸까요?"

"예, 시기심이 너무 강해요. 상대방의 본심을 알기 위해서 그러는지는 모르겠지만 제삼자를 통해서 슬쩍 속을 떠보면서 쓸데 없이 일을 악화시키는 행동을 해요. 그래서 이번에도 걱정하고 있었는데 당신에게까지 폐를 끼치게 되어서 정말 죄송스럽습니다."

'유유상종(類類相從)'이라고 말하지만 두 사람의 성격이 너무 닮아 있으면 오히려 번거로운 일이 생긴다는 것을 처음으로 알게 되었다. 나중에 들은 바에 의하면 그 일이 있은 뒤에도 상속 문제로 꽤 오랫동안 싸웠던 모양이다. 이상한 말이긴 하지만 당사자들은 변호사를 통한 대리전쟁이었기 때문에, 익숙한 것이라서 오히려 하기 쉬웠던 것은 아닐까?

이런 경우는 좀 극단적일지도 모르지만 실제로 상속을 둘러싸고 싸움을 벌이는 유족의 수가 얼마나 많은지 모른다. 다들 '우리는 사이가 좋으니까 괜찮아.'라고 생각하고 있지만 많은 사람들이 이런 구덩이에 빠져버린다. 장례가 일단락되고 확실히 상속 이야기가 나오면, 서서히 지금 말한 형제처럼 서로 의심하게 되고 결국은 피해망상적인 생각에 빠져들기 쉽게 되는 것이다.

다른 형제자매가 봤을 때 '내가 욕심이 지나치다고 생각하고 있지는 않을까?'라고 걱정하는 한편, '저 녀석은 너무 욕심을 부려.'라든지 '배려가 없다.'라는 등의 생각을 하며 상대방을 점점 부정적으로 보게 된다.

이런 경우라도 직접 얼굴을 맞대고 서로 마음을 터놓고 얘기하다 보면 변호사를 통하지 않고도 어떻게든 잘 해결할 수 있다. 하지만 요즘은 '상속 문제 = 변호사 상담'이라는 이미지가 정착되었기 때문에 오히려 문제를 더 길게 끌게 되지 않을까 라는 생각이 드는 것도 사실이다.

변호사에게 가기 전에 가능하면 솔직하게 이야기할 기회를 가지는 게 좋겠다. 당신이 생각하고 있는 것보다는 골이 깊지 않을지도 모르는 것이다.

19.

입장료 없는
참극(慘劇)의 집

━━

그 하얀 수화기에는
빨간 손자국이 선명하게 남아 있었다

의뢰인은 고인(故人)의 아들이었다. 40세 조금 지났을 정도의 그 사람은 아주 침착했고, 말투도 평상시의 말투였기에 문을 열기 전까지는 나도 방심하고 있었다.

"그럼 잘 부탁드립니다. 저는 여기서 기다리고 있겠습니다."

집 안에 한 발 내디딘 순간 나는 그 자리에서 굳어 버렸다. 비유는 좋지 않지만 디즈니랜드의 유령의 집 같은 곳에 가면 '참극(慘劇)의 관' 등의 이름을 한 코너가 있는데 거긴 정말 그런 느낌이었다. 한쪽 면은 온통 피투성이인 데다가 방은 온통 부서져 있고, 왜인지 계단의 난간 손잡이까지 빠져서 떨어져 있었다. 여기에서 "야쿠자의 집단 싸움이 있었다."라고 말해도 믿었을 것이다.

이런 끔찍한 상황이 오로지 한 명의, 그것도 60세 넘은 여성이 만들었다고는 도저히 믿을 수 없었다. 사인(死因)은 칼에 의한 자살이었다. 어디를 어떻게 상처냈는지는 듣지 못했지만 무척 괴로웠을 것으로 보이는 게, 현관에서 거실, 다다미방까지 대부분의 방에 혈흔이 남아 있었다. 드라마나 영화를 보면 손목을 끊은 사람들은 모두 조용히 죽어가지만, 실제로는 고통과 괴로움에 몸부림치며 날뛰는 경우도 적지 않다고 한다. 언제까지 집 안을 둘러보고만 있을 수는 없는 노릇이다.

"자, 힘내자!" 이렇게 말하고 나는 작업을 시작했다. 먼저 거실 마루부터 했다.

여기저기에 생긴 피 웅덩이는, 아직 이틀밖에 되지 않은 터라 완전히 마르지 않았고, 일부는 젤리 상태가 되어 있었다. 먼저 물을 뿌리면서 핏덩어리를 녹이고 이중 장갑을 낀 손으로 닦아내었다. 작업을 하고 있는 동안에 마루에 뒹굴고 있는 전화기가 눈에 들어왔다. 아들의 말로는 어머니가 칼로 당신을 자해하고 스스로 경찰에 신고했다는 것이었다. 아마 그때 사용한 것이 그 전화기였을 것이다. 그것을 증명하듯이 플라스틱 제품의 하얀 수화기에는 빨간 손자국이 선명하게 남아 있었다.

작업 완료 후 아들과 조금 이야기를 하게 되었다. 돌아가신 어머니는 이 집에서 삼 년 정도 혼자서 살았다고 한다. 일 년 정도 전부터 이 집에 올 때마다 집의 어딘가가 부서져 있어서 어떻게 된 일인지 물으면 반미치광이가 되어 손을 쓸 수가 없었다고 한다.

"술을 못 마시는 분이어서 알코올 중독은 아니었지만 마치 술

취한 것처럼 전혀 다른 사람이 되어버릴 때가 있었습니다. 삼 년 전에 제가 결혼해서 분가할 때까지는 한 번도 이런 적이 없었는데."

어머니는 십 년 정도 전에 남편과 이혼하고, 외동아들도 떠나보낸 후 고독한 생활을 하는 동안 조금씩 조금씩 뭔가가 어긋나기 시작했을지도 모른다. 인간 심리의 복잡함, 인간이 혼자서 살아가는 것의 어려움 등을 다시 한 번 느끼게 하는 사건이었다.

20.
무념(無念)을 호소하는
검은 그림자

—

카펫에 남아 있는 흔적은,
자세히 보니 사람의 형태를 하고 있었다

죽음이 시간을 선택하지 않는 것처럼, 의뢰도 시간을 고려해 주는 것은 아니다.

어느 일요일 오후 늦게 전화가 걸려 왔다. 시외 번호인 것으로 봐서 지방에서 걸려 온 것임을 알 수 있었다. 전화는 시즈오카(静岡)현에서였다.

"저, 원룸 맨션인데……."

수화기 저편에서 떨고 있는 듯한 남자의 소리를 듣는 순간 내 육감이 움직이기 시작했다.

"저……, 사후(死後) 일주일 만에 발견됐는데 현장의 유품정리를 부탁할 수 있겠습니까?"

말 꺼내기가 어려울 것이다. 늦게 발견했다는 것은 보통 나중에야 얘기하는데, 이 사람은 빨리 이야기를 끝내려고 하는지 얼른 주소를 말하더니 빨리 견적하러 왔으면 한다는 말만 남기고 전화를 끊었다. 이것저것 챙길 겨를도 없이 나는 급히 현장으로 향했다.

알려준 현장 가까이까지 와서 주소를 확인하며 주변을 돌아다니고 있다 보니 문득 냄새가 내 코끝을 스치는 것을 느꼈다.

'이 근처인가 보군.'

매년 여름철이 되면 그 냄새에 민감하게 반응하는 내 코는 수십 미터 떨어진 곳에서도 곧장 그것을 분별할 수 있게 되었다. 현장은 4층짜리 맨션의 2층, 오른쪽 끝집이었다.

의뢰인의 휴대전화에 전화를 걸어 도착했다고 하니, 같은 맨션의 1층 집 문이 열리며 의뢰인이 나와 맞아주었다. 인사를 하고 고독사(孤獨死) 현장이 된 집 안으로 들어가니 욕실 안과 입구 쪽에 검게 탄 것처럼 변색된 장소가 있었다. 자세히 보니 그것은 사람의 형태를 하고 있었다.

카펫의 얼룩은 동그랗게 사람 머리의 형태를 하고 있었다.

'불쌍하게도 화장실에서 나오려고 할 때 의식을 잃고 넘어져서 그대로 죽어 버렸군.'

형사 드라마 같은 데서 사체(死體)가 있었던 장소 주변을 초크로 표시한 장면을 자주 보게 되지만, 사후 며칠이나 지나서 발견된 시체는 마치 자기가 여기에 있었다는 것을 주장이라도 하듯이 그 흔적을 너무나도 뚜렷하게 남긴다. (이렇게 가버리다니 얼마나 원통했을까.)

카펫에 남겨진 결코 지워지지 않을 고인(故人)의 '그림자'를 보며 나는 그런 생각들을 하고 있었다. 이런 현장을 셀 수 없을 정도로 많이 본 나도 이런 흔적을 보면 항상 가슴 아픈 생각이 드는 동시에 단지 남의 일이 아님을 절실하게 느낀다. 저출산 고령화가 해마다 심화되어 고령자의 독거(獨居)가 늘어가는 한편 그것과 보조 맞추듯이 고독사가 증가하고 있다.

이웃과의 교류도 없고 다른 사람과 대화를 가질 기회도 거의 없는 노인들을 어떻게 고독사로부터 지킬 수 있을지가, 점점 더 이 사회의 중요한 과제가 될 것이다.

21.
알아볼 수 없을 정도로
변해 버린 모습으로의 재회

—

사후(死後) 2주 후에 발견된
동생이 남긴 것

"오늘 견적 좀 낼 수 있겠습니까?"

갑자기 이렇게 말을 꺼낸 전화의 주인공은, 아무튼 서두르고 있는 모양이었다. 아무리 늦어도 상관없으니까 어떻게든 오늘 중으로 와 달라고 했다. 마침 그날은 스케줄이 비어 있어서 언제라도 괜찮다고 대답하자 지금부터 화장장에 가서 유골을 수습해야 하니까 거기서 만나서 같이 고인(故人)의 집으로 가서 견적을 내 달라고 했다.

전화를 받고 나서 세 시간 후 오후 3시 정각에, 약속한 화장장에 도착했다. 유족을 태우고 거기서 15킬로미터 정도 떨어진 고인의 집으로 향했다. 운전을 하면서 유족의 한 사람인 고인의 형님 이야기에 귀를 기울였다.

어제 경찰로부터 사망 확인을 의뢰하는 전화가 있었고, 오늘 아침 첫 기차로 토야마(富山)에서 출발해서 도쿄(東京)에 왔다고 한다. 동생이 알아볼 수 없을 정도로 변한 모습으로 발견된 때는, 이미 사후(死後) 이 주 정도 경과한 후라 집 안은 냄새가 너무 심해 도저히 안에 들어갈 수 없었다고 한다. 고인은 49세이고, 형은 53세였다.

둘 다 아직 한창일 나이지만 서로 떨어져서 십 년 정도 만나지도 못했고, 고인이 사는 곳에 온 것도 오늘 아침이 처음이었다고 한다. 너무나 갑작스런 일이라 입고 있던 옷 그대로, 하던 일도 그대로 둔 상태로 뛰어왔다고 한다.

"아무래도 내일은 토야마로 돌아가지 않으면 안 됩니다. 어떻게든 내일 중에 처리할 수 있겠습니까?"

침울한 표정으로 걱정스럽게 물어보는 그에게 나는 고개를 크게 끄덕였다.

"걱정하지 말고 안심하십시오."

"감사합니다."

육친이 아무런 연고도 없는 땅에서 고독사(孤獨死)하는 것은 일생에 한 번 있을까 말까 한 일이다. 무엇을 어떻게 해야 좋을지 몰라 갈팡질팡하는 것이 대부분의 유족들의 심경일 것이다. 망자(亡者)가 성불(成佛)하도록 하는 것은 스님에게 맡길 수밖에 없지만, 이 세상에 남겨진 유족들의 걱정이나 불안을 조금이라도 가볍게 해주는 것이 우리의 일이다.

현장에 도착 후 나는 혼자서 집 안에 들어가 견적을 내기 시작했다. 아무리 가족이라 해도 이런 지독하게 심한 냄새는 좀처럼 견딜 수 없는데, 고인과 관계도 없는 제삼자는 더 이상 말할 것도 없다. 걱정했듯이 내가 견적을 내기 시작하고 조금 있으니 이웃 사람들이 나와서 이 냄새를 어떻게 좀 해 달라고 유족에게 항의하기 시작했다. 며칠 동안이나 그 냄새 속에서 살아야 했던 자기 입장도 생각해 달라는 것이겠지만 그렇게 말한다고 해서 유족이 어떻게 할 수 있는 문제도 아니다. 복도 밖에서 그저 사죄만 하고 있는 유족의 목소리에 나는 잠시 작업을 중지하고 집 밖으로 나와 이웃 사람들에게 머리를 숙였다.

"지금부터 탈취 작업을 하니까 하루 정도면 냄새는 없어질 겁니다. 죄송하지만 잠시만 기다려 주십시오. 내일 중에는 모든 가재도구를 철거하고 청소와 소독도 할 예정이니까 안심하셔도 됩니다."

그 말에 겨우 납득이 됐는지 이웃 사람인 약간 뚱뚱한 중년여성은 "제발 좀 부탁합니다."라는 말을 남기고 집으로 돌아갔다.

"정말 고맙습니다. 덕분에 한숨 돌리게 되었습니다."

냄새 때문인지 아니면 긴장해서인지 유족들이 가슴 속에 쌓였던 숨을 크게 내쉬는 모습이 보였다. 다음 날 아침 여덟 시부터 유품과 귀중품을 찾고 냄새가 베어 있는 가재도구 일절을 싸서 내보낸 후 청소와 소독 및 탈취 작업을 끝내자 점심쯤에는 모든 작업이 완료되었다. 유족은 당일 비행기로 토야마로 돌아갔다.

이처럼 고독사뿐만 아니라 대부분의 경우 죽음은 갑자기 찾아온다.

아무리 예상하고 준비하고 있던 죽음이라 하더라도 죽음은 살아 있는 사람들의 생활리듬을 깨뜨리고 정신적, 육체적인 균형을 무너뜨린다. 장례를 마치고 49제나 1주기까지 기다려서 유품정리를 시작할 수 있을 정도로 여유 있는 사람이 얼마나 될까. 자기 집이라면 몰라도 임대주택에서는 아무것도 안 해도 다달이 임대료를 내야 하기 때문에 경제적으로도 부담이 더해진다.

앞으로 사회는 저출산 핵가족화가 점점 늘어날 것이라고 말하고 있다. 가족의 단위가 작아지고 혼자 사는 사람이 많아지면 많아질수록 사후 정리의 문제는 심각해질 것이 쉽게 상상이 된다. 만일의 경우에 당황하지 않도록 오늘 아니면 내일이라도 한동안 연락을 하지 않았던 부모님이나 형제들에게 전화 한 통이라도 좋으니 안부를 전하는 것은 어떨까.

22.
유품정리의
생전(生前) 예약

—

"한 치 앞을 모르는 게 인생,
내일 무슨 일이 일어날지 모르지 않는가!"

2005년 말에 우리 회사가 TV 뉴스 프로에 보도된 일이 있었다.

'전국 최초의 유품정리 서비스'라는 제목으로 이십 분 정도 방송되었는데, 방송 직후 문의 전화를 사십 통 정도 받았었다. 여러 가지 질문과 희망 사항이 있었지만 그 중에서도 가장 많았던 것이 노인들의 유품정리 예약에 관한 문의와 의뢰로, 전부 열다섯 건 정도였다. 그 중의 하나를 소개하려고 한다.

"저, 한 번 견적을 받고 싶어서 전화를 했는데."

"어느 분의 유품정리입니까?"

"내가 죽고 난 뒤 살림살이 정리를 부탁하고 싶어서요."

"실례지만 연세가 어떻게 되십니까?"

"69세입니다만."

"그렇다면 아직 정정하시지 않습니까?"

"아니요. 나는 자식도 없고 조카나 형제들에게 폐를 끼치고 싶지도 않으니까, 이렇게 건강할 때 신청하려고 하는 겁니다. 어떻게 상담하러 와 주시지 않겠습니까?"

"신청을 받아들일 수 있을지 아닐지 모르겠지만 상담은 해드릴 테니 찾아뵙도록 하겠습니다."

실제로 만나 보니 의뢰인은 전화 목소리보다 훨씬 젊게 보였고, 얼핏 보기에도 건강해 보이고 말도 분명하게 했다. 현재 작은 정원이 있는 자택에서 혼자서 살고 있고 특별히 불만도 없이 하루하루를 즐겁게 살고 있다고 했다. 당일은 조카딸이 작업 순서와 요금 체계 등을 함께 확인했다. 내가 말을 마치자 의뢰인이 옆의 조카딸을 곁눈으로 보며 말했다.

"전화로 말했던 것처럼 나에게는 처도, 자식도 없으니 죽고 나면 재산은 조카딸에게 전부 상속하려고 생각하고 있지만, 이 아이에게도 가족과 일이 있으니까 일부러 여기까지 와서 정리하도록 할 수는 없지요. 의뢰에 필요한 비용을 전부 맡겨 놓을 테니 때가 되면 잘 부탁합니다."

나는 "아직까지는 건강하시니 십 년이나 이십 년 정도는 걱정하지 않아도 괜찮지 않겠습니까?" 하고 만류를 했지만 의뢰인은 결심을 굳힌 듯 했다.

"말씀대로 분명히 아직 당분간은 건강할지도 모릅니다. 하지만 인생은 한 치 앞을 모르니 내일 무슨 일이 일어날지 알 수 없지요. 정신이 멀쩡하고 자신의 의지로 신청할 수 있는 지금 미리 신청을 해두고 싶습니다. 어떻게든 예약해 주지 않겠습니까?"

'죽음'은 누구에게나 100퍼센트 방문한다. 아무리 부자이고 훌륭한 사람이라도 언젠가 죽음을 맞이하게 된다. 그러나 많은 사람들은 하루하루 다가오고 있는 '자신의 죽음'을 외면하고, 마치 자신과는 아무런 관계가 없다는 듯이 살아가고 있는 것이 현실이다. 누구나 언젠가는 자신도 죽는다는 것은 생각하고 싶지 않은 것이다. 자신이 건강하고 기운이 있을 때는 더욱 그렇다.

그러나 이 69세의 의뢰인은 그렇지 않았다. 냉정하게 자신의 장래를 보고, 즉 죽음을 명확하게 의식하면서 "예약을 하고 싶다."라고 말씀하셨던 것이다. 나는 감동받았다.

"알겠습니다. 그럼 신청을 받도록 하겠습니다. 이십 년 후이건 삼십 년 후이건 확실히 대처하도록 하겠으니 맡겨 주십시오."

나의 그런 대답에 의뢰인은 눈에 온화한 웃음을 지으며 안심했다는 듯이 말씀하셨다.

"이제 언제라도 안심하고 죽을 수 있겠습니다. 이제 마음이 놓입니다. 고맙습니다."

그 후 나는 그분의 희망대로 견적 금액을 제시하고 날짜가 미정인 채로 계약했다. 이번 건은 극히 일부의 예(例)이지만, 이외에도 자신이 죽은 후 뒤처리를 해줄 가까운 사람이 없든지 혹은 있어도 부탁할 수 없다는 등의 고민을 갖고 있는 분들도 많이 있다. 핵가족화와 저 출산이 진행됨과 동시에 가족의 유대가 약해져 가는 가운데 독거(獨居)노인에게 있어서 이 문제는 피할 수도 없고 매우 신경 쓰이는 현실인 것이다. 상속인이 되는 사람이 실제로 작업을 부탁할지 어떨지는 지금으로선 알 수 없다. 그러나 이 계약을 체결함으로써 본인이 안심하고 남은 인생을 보낼 수 있다면 나로서는 기쁠 따름이다.

23.
문 닫은
상점가(셔터街)의 비극

자살하는 사람을 한 사람이라도
줄이기 위해서 할 수 있는 일

요코하마(橫濱)시 교외의 주택가 안에 있는 작은 슈퍼마켓이 견적 의뢰가 있었던 장소였다. 평일 오후 두 시 도로 건너편 공원에서는 아이들이 놀고 있었지만, 슈퍼마켓 주변의 상점가는 빵집 한 곳을 제외하고는 모두 셔터가 내려져 있었다. 정기 휴일이 아니라 거의 대부분이 이런저런 이유로 가게 문을 아예 닫은 것이다. 말하자면 '셔터 거리(셔터街)'였다.

돌아가신 분은 작은 슈퍼마켓을 경영했던 부부로 동반 자살을 시도했다. 삼십 년 정도 전에 이곳에서 개업한 후 처음에는 연일 손님이 끊이지 않고 번성하는 듯 했지만, 수년 전부터는 하루에 손님 몇 명이 올까 말까해지고 요즘은 물건 대금 지불할 돈도 밀려 있던 상황이라고 한다. 이번 일의 의뢰인은 돌아가신 부부의 두 아들로 둘 다 다른 지방에서 와 있었다.

"이 가게는 임대라서, 이번 달 안에 점포랑 2층의 집을 모두 비워야만 합니다."

형의 말에 수긍하며 동생이 비통한 표정으로 말했다.

"아무래도 우리는 집이 멀어서 전부 여러분에게 맡기지 않을 수 없습니다."

"알겠습니다. 그러나 가게의 대형 냉장고나 냉동 창고, 진열대 등은 전문업자에게 보여야 하고, 그때는 오셔서 견적하는 것을 보셔야 할 텐데 가능하겠습니까?"

"그것이 어려워서 부탁드리는 겁니다. 열쇠를 맡길 테니 그 일도 맡아서 해주실 수는 없습니까? 필요하다면 위임장도 써드릴 테니."

"작업 당일에는 형이나 제가 분명히 올 테니까 어떻게든 부탁드립니다."

정말 곤란해 하고 있는 두 사람의 표정으로 상황을 충분히 알 수 있었다. 나는 위임장에 집주인의 승낙도 받는 조건으로 두 사람의 요구를 받아들였다. 그러고 나서 며칠 후 슈퍼마켓 앞에서 견적 때문에 부른 업자가 도착하기를 기다리고 있던 나에게 한 노인이 다가와서 말을 걸어왔다.

"정말 사이가 좋고 부지런한 부부였었는데, 그렇지만 반년 정도 전부터 아주머니가 치매가 들어서는 바깥양반도 아주 힘들었었지."

"그랬습니까?"

"지난달에 둘이서 어딘가 가버린 이후로는 가게를 안 여는구나 생각하고 있었는데, 그 두 사람이 차를 탄 채 A항의 부둣가에서 바다로 뛰어들었다고 신문에 나와서 깜짝 놀랐지."

그런 사정은 형제로부터 따로 듣지 못했지만, 그다지 의외인 일은 아니었다. 이렇게 말하면 어떻게 받아들일지 모르지만 흔히 있는 일이라고 생각되었다. 그 정도로 개호에 관한 문제라든지 '셔터 거리'의 비극이 전국에 만연해 있다는 것이다.

나중에 돌아가신 부부의 유품들을 보고 있자니 무엇보다도 안타까운 마음이 가득했다. 그 부부처럼 일과 생활이 궁지에 몰려 스스로 죽음을 선택한 사람들 대부분이, 가족이나 자식들에게 상담하지 않고 괴로워하다가 결국 이렇게 되는 경우가 많다.

가족이기 때문에 상담할 수 없다는 사정들도 있을 것이다. 상담해 주는 쪽도 상담을 받았다고 해서 바로 어떤 해결책을 제시할 수 있는 것은 아닐 것이다. 그러나 상담해 주었다고 해서 마지막까지 책임져야 하는 것은 아니다. 단지 들어주는 것만으로도 좋다. 그것만으로도 연간 삼만 명이 넘는 자살자가 조금은 줄어들지 않을까 생각한다. 문제를 해결해야만 하는 것은 결국 본인이며, 그것을 행하는 것도 본인의 책임이다. 그래도 아주 잠깐이라도 좋으니 말을 걸어 보기를 바란다. 잠깐의 대화가 실마리가 되어 살수 있는 희망을 발견할 수도 있기 때문이다. 자살이라는 가장 슬픈 방법으로 이 세상을 떠난 사람들이 남겨 놓은 유품들을 바라보고 있으면 언제나 그런 마음이 든다.

24.

유품은
고양이 스물아홉 마리

———

갑자기 스태프 직원의 입에서
'앗' 하는 비명이 터져 나왔다

———

나는 고양이는 질색이다. 고양이와 함께 실내에 있으면 재채기와 콧물이 나오고 나중에는 온몸이 가려워지는, 말하자면 '고양이 알레르기'인 셈이다. 이런 내가 간 곳이 무슨 업보인지 완전히 고양이 집이었다. 2005년의 겨울이었다. 그 집은 엘리베이터도 없는 낡은 공단주택의 3층에 있었다. 죽은 사람은 아직 삼십 대의 여성으로 이번 일은 고인(故人)의 친척에게서 들어온 의뢰였다.

아직까지 한 번도 실내에 들어가 보지 않았다는 의뢰인과 나는 현관 앞에서 만나기로 했다. 그때까지 알고 있었던 것은 주인을 잃은 고양이가 많이 있다는 것과 고인은 사후(死後) 일주일 정도에 발견됐다는 것 뿐 상세한 사항은 알 수 없었다. 무단결근이 계속되고 본인과 연락이 되질 않아 회사에서 경찰에 전화 상담을 한 것이 이번 시체 발견의 경위였다고 한다. 경찰관도 많이 놀랐는지 시체 수습에 상당히 고생했다고 했다.

현관 앞에서 간단하게 상의하고 집 문을 연 순간 한 마리의 고양이가 눈앞으로 튀어나왔다. 나는 엉겁결에 뒷걸음치며 문에서 떨어졌다. '이거 장난이 아니겠는 걸.' 죽어 있는 인간이 살아 있는 고양이보다 수십 배는 낫다고 생각하며 나를 멀찍이 보고 있던 친척에게 말했다. "저도 들어갈 거지만 누구 고양이한테 강한 분은 없으십니까?"

"……." 모두들 묵묵히 머리를 흔들 뿐이었다.

그렇다면 오기로 들어갈 수밖에 없었다. 나는 문손잡이에 손을 얹고는 그대로 집 안으로 돌진했다. 집 안은 얼핏 깨끗하게 정리되어 있는 것처럼 보였지만 발밑을 보니 고양이털과 똥이 몇 겹이나 겹쳐져서 마치 카펫처럼 굳어져 있었다. 잠시 보는 것만으로도 온몸이 가려워지는 듯 했다. 그리고 무엇보다도 참을 수 없는 것은 냄새였다. 시취를 지울 정도로 고양이 냄새는 지독했다. 고양이 특유의 암모니아 냄새가 나는 자극적인 오줌 냄새 때문에 눈이 따끔따끔해졌다.

현관에서 얼핏 봐도 열네 마리 정도의 고양이가 내 쪽을 보면서 원망스러운 듯이 울고 있었다. 조심조심 거실까지 들어가 보니 개수대와 가스레인지, 찬장, 식탁의자 등 모든 곳에 고양이가 있었다. 게다가 모든 살림살이 위에 마치 눈처럼 고양이털이 엷게 쌓여 있어 도저히 사람이 살 수 있는 상황이 아니었다.

고인은 이 집에서 몇 년이나 살았는지 모르지만 아무리 고양이를 좋아해도 이래서는 병 걸리기 십상이다. 이웃 사람들로부터 항의도 있었던 것 같지만 본인으로서도 어떻게 할 수가 없었던 것 같았다. 살림살이 체크를 대충 끝내고 집을 나와 보니 판결을 기다리는 피고인 같은 표정으로 유족이 나에게 물었다.

"어떻습니까?"

"꽤 심하군요. 물건의 양은 보편적이라 보통 네 명이 네 시간 정도 작업하면 되겠지만 아무래도 고양이가……."

"그렇게 많이 있습니까?"

"대충 봐도 스무 마리는 넘었습니다. 어쨌든 고양이를 어떻게 할지가 선결 문제네요."

"고양이를……."

"저희가 보건소에 문의해 볼 수는 있지만 인수하시겠다면 그렇게 하시지요."

유족들은 당치도 않다는 듯이 목을 움츠리며 서로 얼굴만 볼 뿐이었다. 의논한 결과 고인이 남긴 고양이들은 보건소에 부탁하기로 하고, 나는 곧바로 근처의 보건소에 문의 전화를 걸었다. 보건소에서는 원래는 보건소로 데려오지 않으면 인수할 수 없다고 했지만, 이번 사정을 설명하자 특별히 그쪽에서 인수하러 오겠다고 해서 그것만으로도 나는 마음이 조금은 가벼워졌다. 그러고 나서 며칠 후 보건소에서 몇 명이 찾아와서 전부 스물여덟 마리의 고양이들을 그물로 포획하여 보건소로 데려갔다.

그리고 우리는 다음 날 작업을 시작했다. 작업을 시작하고 2시간 정도 경과해서 반 정도 남았을 때 갑자기 스태프가 '앗!'하고 비명을 질렀다.

"무슨 일이야?" 하고 물을 틈도 없이 내 발밑을 고양이 한 마리가 무서운 기세로 빠져나가 버렸다. 아무래도 벽장 구석에 숨어 있었는지 이불을 꺼내려고 손을 넣은 순간에 뛰쳐나온 것 같았다.

다행히 스태프의 상처는 깊지 않아 약간 피가 맺힌 것뿐이지만 이제부터가 큰일이었다. 다른 무리가 잡혀갈 때 숨을 죽이고 숨어 있을 정도로 머리 좋은 고양이였기 때문에, 그렇게 간단하게 잡힐 리가 없었다. 어른 네 명이서 쫓아보았지만 결국 고양이는 도망가 버렸다. 현관 문 틈으로 도망친 고양이를 보며 솔직히 나는 안심했다. 보건소에 잡히지만 않으면 어딘가에 살아남을 것이라고 생각했다. 어쩔 도리가 없었다고는 하지만 고인의 유품과 같은 고양이들이었다. 보건소에 처분을 부탁할 때도 꺼림칙했기 때문에 그 중 한 마리만이라도 어딘가에 살아남는다면 조금은 마음이 가벼워질 것이라고 생각했다. 고양이들에게 있어서는 살기 좋은 주거지였는지 몰라도 공단주택의 그 집은 한동안 사람이 살기는 무리일 것이다.

고인을 비난하는 것은 아니지만 고양이를 사랑한다면 다른 방법으로 기를 수도 있지 않았을까? 그랬다면 고양이들도 불쌍한 최후를 맞이하지 않았을 텐데, 그것이 자꾸만 마음에 걸리는 사건이었다.

25.

의외로 젊은
고독사(孤獨死)의 연령

—

아직 괜찮다고 생각하기
쉬운 나이의 함정

이 일을 시작하고 나서 내가 처리한 고독사(孤獨死)의 건수는 족히 1,000건을 넘어서고 있다. 지금 이 순간에도 어디선가 각각의 사정을 안고 혼자서 외롭게 죽어가고 있는 사람의 수는 늘어나고 있다. 사회의 흐름에 따라가지 않고 혼자서 무인도에 살고 있는 것처럼, 그런 고립된 생활을 보내고 있는 사람이 갑자기 병으로 쓰러진다면?

여러분은 이해할 수 없을지도 모르지만 내가 사후(死後) 유품 정리를 해준 고독사의 약 30퍼센트 정도의 집에는 에어컨이 없었다. 그리고 그 중 10퍼센트는 집 전화는 물론이고 휴대전화도 가지고 있지 않았다. 완전히 '도시의 외딴섬'인 것이다. 유품정리를 하고 있는 동안에 나는 어떤 사실을 느낄 수 있었다.

유족과 이야기를 하다 보면 나는 무의식중에 이런 말을 사용하곤 한다. "아직 젊으시군요."라는 말이었다. 처음에 나는 무의식중에 독거노인의 고독사는 70세 이상이라는 선입견을 가지고 있었다. 그런데 실제는 55세부터 65세에 걸친 연령대가 상당히 많다. 70세 전후가 되면 멀리 떨어져 사는 친척이나 가족도 자연히 일상의 안부를 염려하게 되지만 그 이하의 나이는 '아직은 괜찮다.'고 생각해 그다지 걱정하지 않는다.

얼마 전에도 자택에서 500미터 정도밖에 떨어지지 않은 곳에 살고 있던 동생을 잃은 분이 있었다. 발견됐을 때는 이미 사후(死後) 6개월이 지난 뒤였고, 향년 55세였다. '독거(獨居)노인'으로 불리기에는 아직 너무 젊은 나이였다. 한편 현장에 입회한 형은 네 살 위인 59세였다. 모두 환갑 전이었다. 얘기로는 2년 정도 전에 전화로 통화만 했을 뿐이었고 그 후에는 연락도 없었다고 한다.

"좀 더 자주 연락을 했었더라면 좋았을 텐데." 그렇게 말하며 형은 어깨를 축 늘어뜨리고 있었다.

독거노인뿐만 아니라 혼자서 고독한 생활을 하고 있는 사람들은 가족이나 친척들에게 스스로 연락하는 일은 거의 없다. '사는 모습을 보여 주고 싶지 않다.'거나 '폐를 끼치고 싶지 않다.'는 등 여러 가지 생각에 세월이 지나면 지날수록 점점 연락하기가 힘들어지게 된다.

혼자 살고 있는 친척이나 가족이 있다면 꼭 연락을 하고 지내길 바란다. 그리고 가능하면 갑자기 방문하는 것보다 자택에 초대한다든지 그것이 힘들다면 밖에서 같이 식사라도 하는 것이 좋을 것이다. 그러면서 사는 얘기를 들어주는 것만으로도 고독(孤獨)감이 덜어져 힘을 낼 수 있을지도 모른다. 이 이야기의 형처럼 '좀 더 자주 연락을 해보는 건데' 하는 후회를 하지 않기 위해서라도 반드시 그렇게 해주길 바란다.

26.

8년간 쓰레기를 모은 대저택

시취마저 능가해 버리는
강렬한 악취는?

겨울이 왔음을 느끼게 하는 차가운 바람이 불기 시작한 11월의 어느 날이었다.

나라(奈良)현 중에서도 유명한 고급 주택가의 한 모퉁이, 그 중에서도 유달리 눈에 띄는 집이 그날의 현장이었다. 어떤 침입자도 허용하지 않겠다는 듯이 높이 솟은 담벼락과 대형트럭이 그대로 통과할 수 있을 정도로 당당한 대문, 지금까지 영화나 드라마 속에서나 볼 수 있었던 그런 그림 같은 대저택이었다.

의뢰인은 고인(故人)의 유족으로부터 모든 것을 의뢰받은 법무사였다. 유족들조차 한 번도 집 안에 들어간 적이 없어서 내부의 확실한 상황은 알 수가 없었다. 유체(遺體)가 발견된 것도 사후(死後) 반년이나 지났기 때문에 그럴 만도 하였다.

사전(事前) 정보로는 안은 엉망진창인 상황이므로 "반드시 작업복을 입고 장화를 준비하세요."라고 주의를 받았지만 나는 평상시와 같이 "익숙한 일이니 이대로 실례하겠습니다." 하고 대답했다. 언제 어떠한 경우라도 고인의 댁을 방문할 때는 양복 차림으로 하는 게 회사의 방침이다.

현장에 입회할 담당자인 N씨는 개미 한 마리도 들어가지 못할 정도로 완전무장을 하고 있었다. 내가 정말 양복 차림으로 온 것을 보고 N씨가 얼굴을 찡그리며 말했다.

"더러워져도 모릅니다."

"걱정하지 마세요. 익숙하니까."

현관 앞에서 만나기로 한 열쇠집 주인에게 부엌문을 열게 하고 드디어 안으로 들어갔다. 당연히 선두는 나였다. 발을 한 발자국 안으로 내디딘 순간 맹렬한 악취가 전신에 덮쳐들었다. 그런 섬뜩함은 지금까지 한 번도 경험한 일이 없을 정도였다.

마치 온몸의 모공을 통해서 악취가 스며드는 듯 숨을 멈춰도 냄새가 날 정도였다. 어째서 그 정도로 악취를 느꼈냐면 그 악취가 단순히 시체 썩은 냄새만이 아니었기 때문이다. 시취에다가 개나 고양이의 변과 썩은 쓰레기 악취가 섞인, 말하자면 '트리플 펀치'로 덮쳐든 악취였다.

"8년 전부터 여기에서 혼자 살았는데 한 번도 쓰레기를 밖으로 내놓지 않았다고 하더군요."

마스크 안으로 웅얼거리는 듯한 소리로 N씨가 말했다. 8년이라는 시간도 놀라웠지만 그 정도의 쓰레기를 쌓아둘 만한 공간이 있다는 것에 감탄하며 나는 안쪽 방으로 향했다. 부엌만 해도 넓이가 12조(다다미 12장)로 중앙에 큰 개수대가 있어 마치 어딘가의 식당 주방 같았지만 어쨌든 엄청난 쓰레기 때문에 앞으로 나갈 수가 없었다. 우리들은 할 수 없이 부엌의 카운터에 올라가 거기를 통해 옆에 있는 거실로 옮겨갈 수 있었지만 거기까지 이동하는 데만도 15분 이상의 시간을 소비할 정도였다.

이 집 주인이었던 노인 할머니가 발견된 곳은 그 거실이었는데 숙달된 나로서도 시취를 그다지 느낄 수가 없었다. 시취를 느끼긴 느꼈지만 바퀴벌레와 쥐의 악취가 그것을 능가하고 있었다. 냄새에 익숙한 나조차도 기가 꺾였는데 아무리 방독 마스크를 하고 있다고는 해도 아마추어에게는 역시 무리였던지 N씨는 거실에 도착하자마자 서둘러 돌아가 버렸다. 나도 그런 곳에 오래 있고 싶지 않았다. 견적서에 필요한 가재도구 등의 체크를 초고속으로 마치고 서둘러 퇴각했다.

실제로 작업은 2주 후에 했다. 유품의 양은 대략 14톤이었고, 작업 인원도 15명으로 귀중품을 찾는 작업을 진행하는 동시에 집 안을 비워나가는 일종의 작전을 방불케 하는 작업이었다. 그렇다 하더라도 이렇게까지 열악한 환경 속에서 80세에 가까운 할머니가 혼자서 생활했었다는 사실에 충분히 놀랐지만, 할머니와 피가 섞인 자녀들이나 친척들이 단 한 번도 할머니를 방문하지 않았다는 것에 나는 귀를 의심하지 않을 수 없었다.

밖에서 보면 모두가 부러워할 정도로 훌륭한 저택이건만, 한 발 안으로 들어가 보면 거기는 지옥이었다. 도대체 이런 일을 누가 상상할 수 있을까? 돈은 어려움이 없을 정도로, 아니 다 쓰지도 못할 만큼 가지고 있었다고 하니 참 세상일은 모르는 것이다. 돌아가신 할머니는 도대체 마음에 어떤 문제를 가지고 계셨을까? 할머니 장례에는 단 한 명의 친지도 참석하지 않았다고 나중에 들었다.

"사람의 행복은 돈으로는 살 수 없다."고 말하지만, 정말로 그렇다는 것을 두 눈으로 똑똑히 확인한 것 같다는 생각이 들었다.

27.
외딴섬에서 아들이
불의의 사고를 당하다

얘기에 귀 기울이고 있는 나를 보는
모친의 눈에는 눈물이 고였다

역 앞의 작은 다방, 점심시간에 샐러리맨들과 섞여 혼자서 멍하니 창가에 앉아 있던 초로(初老)의 여성이 그날의 의뢰인이었다.

"○○부인이십니까?" 말을 건네는 나에게 좀 굳은 얼굴로 웃음을 지으며 부인이 의자를 권했다.

"여기 앉으세요."

"실례합니다."

"멀리까지 오시게 해서 미안합니다. 아들의 맨션에는 한 번밖에 와 본 적이 없어서 여기에서 만나는 편이 쉽지 않을까 싶어서요."

"신경 써 주셔서 고맙습니다. 덕분에 헤매지 않고 왔습니다. 아드님 댁은 여기에서 가깝습니까?"

"예, 걸어서 5분 정도 거리일 겁니다. 많이 덥죠. 차가운 음료

수라도 드세요."

냉커피를 마시면서 얘기에 귀 기울이고 있는 나를 보는 부인의 눈에는 눈물이 글썽이고 있음을 알 수 있었다.

"무슨 일이라도?"

"미안합니다. 당신이 죽은 우리 아들과 분위기가 너무 닮아서요. 마침 나이도 같은 연배로 보이고 갑자기 아들의 모습이 떠올라서, 미안합니다."

"그렇습니까? 아드님이 저와 비슷한 연배였습니까? 아직 젊은데 많이 힘드시겠습니다." 나는 그렇게만 말할 뿐 다음 말은 나오지 않았다. 어떻게 위로해야 할지 몰랐다.

'어떡하지?' 오히려 내가 울고 싶을 정도였다.

"아들이 낚시를 아주 좋아했어요."

배로 20시간이나 걸리는 외딴섬에 친구와 낚시를 갔다가 그 섬에서 불의의 사고를 당해 죽었다는 것이다. 시신을 집으로 데려오고 싶었지만 일정이 허락되지 않아 부모는 거의 하루를 걸려 그 섬까지 가서 화장시킨 후 유골을 수습해서 돌아왔다고 한다.

얼마나 외딴섬인지 배는 일주일에 한 편밖에 없기 때문에 도쿄(東京)에서 출항하는 배에 타기까지 5일, 돌아오는 배를 기다리는데 또 6일이나 걸렸다는 것이다. 이것이 지구 반대편 어느 곳의 이야기라면 모르겠지만 일본 국내의 일이라고 하니 놀라울 따름이었다. 갑자기 아들을 잃은 충격과 말도 안 되는 긴 여행으로 어머니는 완전히 피곤에 지친 듯이 보였다. 유품정리를 할 때는 보통 1할 정도만 유품으로 간직하는 경우가 보통인데, 이 어머니는 거의 짐 전부를 본가로 가져가고 싶다고 해서 이사하는 화물로 포장해서 보내 드렸다.

이 일을 시작하기 전에는 십 년 정도 이삿짐 회사를 경영했었는데, 그 십 년 동안에 나도 모르게 이번 일 같은 추억의 유품을 옮긴 적이 있었을 거라는 생각을 하니 이상한 기분이 들었다.

28.

바퀴벌레와
함께 한 일 년

———

방 안의 벽 전체를 덮어 버린
검은 빛의 정체는?

／

일반적으로 시취는 사후(死後)의 경과 시간에 비례해서 점점 심해지지만 일정한 시간을 경과하면 시체는 박테리아 등에 의해서 분해되기 때문에 시취는 그다지 느낄 수 없게 된다.

　얼마 전 유품을 정리한 경우는 사후 일 년이나 지나도록 아무에게도 발견되지 않고 자택의 방에 누워 있는 상태였다. 친척 중에는 의사나 사장 같은 소위 사회적 지위가 있는 사람이 많은 훌륭한 집안이라고 들었는데, 일 년 이상 고인(故人)을 방문하는 사람도 없었고 신경 쓰는 사람도 없었다는 것은 이상하지 않을 수 없었다. 시신을 수습한 장의사 말에 의하면 시체는 거의 미라(mirra)가 되어 오히려 수습하기 쉬웠다고 했지만, 집 안은 정말 끔찍하다고 밖에 할 수 없는 상황이었다.

견적을 내기 위해 현관에 들어가 오른쪽 구석에 있는 다다미 방의 문에 손을 걸쳤을 때 거실 쪽에서 "으악!"하는 스태프 S군의 심상찮은 비명이 들려 왔다. 평소에 냉정하고 침착한 베테랑 S군이 그렇게 소리를 질렀다는 것은 보통일이 아니라고 생각할 수밖에 없었다.

"S군, 무슨 일이야!" 나는 소리가 들렸던 곳으로 서둘러 갔다.

거실 입구 문을 뒤로한 채 S군이 새파란 얼굴을 하고 서있었다.

"무슨 일이야?"

"사장님, 이건 진짜 무리입니다."

"뭐야, 뭐가 있어?"

"어쨌든 잠깐 보세요."

"이 방이야?" 나는 크게 심호흡을 하고 나서 방 안을 들여다봤다. "윽!" 하고 소리 없는 비명을 지르고 나는 반사적으로 문을 닫아 버렸다. 바닥이고 벽이고 할 것 없이 방 전체가 검은 빛으로 뒤덮여 있었다. 마치 검은 타일을 붙인 것 같이 방 전체가 바퀴벌레에 덮여 있었던 것이다. 게다가 시취 정도는 장미 향기로 느껴질 정도로 엄청난 악취로 가득 차 있었다. 아무래도 살아 있는 바퀴벌레를 밟으면서 걸을 용기는 없었다.

"안 되겠는데."

"그렇죠! 어떻게 하죠?"

"먼저 바르산[10]부터 설치해야 되겠군."

어느새 우리들은 낮은 목소리로 말하고 있었다.

"사 올까요?"

이 현장은 유족의 입회는 없었고 모든 것이 우리에게 맡겨져 있었기 때문에 내가 지휘관이었다.

"큰 것으로 부탁하네. 열 개는 있어야 될 거야."

"알겠습니다."

결국 바르산을 설치하고 네 시간 정도 기다린 후 재차 돌입하는데 성공했다. 무사히 임무를 마칠 수 있긴 했지만, 죽었다고는 해도 이 방 안에서 바퀴벌레와 일 년간이나 함께 있었던 고인이 불쌍하게 생각될 뿐이다. 결국 그 사건은 마지막까지 유족과 이야기할 기회도 없었고, 모든 것이 장의사를 통해서 진행되었다. 친척들이 어떤 사람들이었는지는 물론이거니와 고인의 연령은 고사하고, 미혼이었는지 기혼이었는지조차 아무것도 모르는 채 진행된 일이였다. 혼자 살기에는 너무 큰 집에 살고 있고, 얼핏 보기에 풍족한 생활을 한 것 같지만, 죽고 나서 일 년간 누구도 알아차리지 못하는 그런 인생이 행복했을까? 문득 그런 것을 생각하게 되는 유품정리였다.

29.
행복할 거라 믿었던
아들의 고독사(孤獨死)

시신 옆에 아무렇게나
놓여 있던 것은 뒷병뿐이었다

예전에 유품정리를 해드렸던 의뢰인으로부터 들은 이야기이다.

어떤 남성, 즉 그분의 아들이었는데 대충 K씨라고 해두자. 요코하마의 공장에 자전거로 통근하고 있던 K씨가 어느 날 일을 마치고 돌아가는 도중 교통사고를 당해 부득이 삼 개월 입원 생활을 하게 되었다. K씨는 부인과 아이 두 명이 있는, 얼핏 보기에는 화목한 보통 가정을 이루고 있는 것처럼 보였다.

입원해서 처음 2개월 정도는 부인이 아이들을 데리고 K씨를 문병하러 왔었는데, 3개월째 되던 때부터 갑자기 모습이 보이지 않게 되었다. K씨의 부모도 어떻게 된 것인지 수상하게 생각했지만, 새삼스럽게 본인에게 사정을 묻기도 뭐하고 해서 흐지부지하고 있는 동안에 남은 일 개월이 지나 K씨는 퇴원하였다. 퇴원한

다음 날 아들의 일이 마음에 걸려 전화를 걸어 보았는데 힘이 없어 보이기는 했지만 '괜찮다.'는 아들의 말도 들었고, 며느리가 옆에 있을 테니 너무 나서는 것도 보기에 좋지 않을 것이라 생각하며 전화를 끊었다.

퇴원하고 2주가 지났을 때 오랜만에 손자들 얼굴이 보고 싶기도 하고, 아들의 퇴원 축하도 할 겸해서 식사라도 하자고 전화를 걸어 봤지만 아무도 전화를 받지 않았다. 왠지 걱정이 되어 다음 날 다시 전화를 걸어 봤지만 역시 아무도 받지 않았다. 불길한 예감이 든 아버지는 곧바로 아들이 사는 곳으로 차를 몰았다. 집 현관 앞에 선 순간 안에서 고약한 냄새가 나는 것을 느끼고 바로 관리사무소에 가서 경찰에 연락해, 그로부터 한 시간 후 아버지는 죽어 있는 아들과 대면하게 되었다.

망연히 그 장소에 서서 아버지가 본 것은 사후(死後) 10일 정도 경과한 아들의 시체와 옆에 아무렇게나 놓여 있는 됫병뿐이었다. 그 밖에는 이불 한 채와 소형 TV가 덩그러니 놓여 있을 뿐이고 방 안은 완전히 텅 빈 상태였다. 유품정리 작업을 하면서 들은 말이지만 나도 이렇게까지 비참한 이야기는 좀처럼 들어본 적이 없었다.

나이든 부모님을 신경 쓰는 것조차 잊어버리기 십상인 세태이기에 부모가 독립한 아들의 생활이나 가정에 어디까지 간섭해야 좋을지 고민하는 것은 이해가 간다. 그렇지만 조금이라도 뭔가 걱정이 되는 일이 있을 때 거리낌 없이 서로 안부를 묻는 것은, 부모든 독립한 아들이든 상관없이 필요한 일이 아닐까? '독립'했다곤

하지만 그것으로 타인이 되는 것은 아니지 않을까? '알고는 있었지만 역시'라고 하는 것이 현실일지도 모른다. 어려운 문제다.

30.
지옥탕에서의
위기일발

욕조 안은 며칠이나
방치된 만두 스프 같았다

"만취한 채로 목욕탕에 들어가 그대로 잠들어 버린 것 같더군요."

나를 방으로 안내하면서 집주인이 말했다. '목욕물을 데운 채로'라는 말에 순간 스튜[11]라는 단어가 머리에 떠오르며 등줄기가 서늘해짐을 느꼈다. 크게 심호흡을 한 번 하고 목욕탕 문을 여니 욕조 안은 늪과 같았다.

아궁이식이 아닌지라 그대로 졸아든 상태는 아니었지만, 발견될 때까지 꽤 시간이 경과된 듯 다갈색의 탁한 액체 속에 시체로부터 벗겨져서 떨어진 퉁퉁 불은 피부가 떠 있는 것이 보였다. 비유가 적당하지 않을지도 모르겠지만 그것은 마치 며칠간 방치해 놓은 만두 스프 같았다.

현관에 들어온 순간 이상한 냄새가 밀려왔지만 집 안이 이상할 정도로 깨끗한 상태인 것은 이렇게 욕조 안에 죽어 있었기 때문인 것이다. 집주인에게 있어서는 '불행 중 다행이다'라고 말할 수 있을지도 모르겠다.

그런데 어떻게 해야 할까? 팔짱을 끼고 침전물을 바라보고 있다가 나는 아주 큰 문제를 발견했다. 욕조의 하수구 마개에 붙어 있는 고리가 끊어져 있었다. 그것은 결국 욕조 안에 손을 넣어서 마개를 빼지 않으면 물을 배출할 수가 없다는 뜻이었다. 백전노장이라고 할 수는 없겠지만 나름대로 많은 일들을 겪어 왔다고 자부하던 나도 물속으로 손을 집어넣을 용기는 없었다. 그렇다고 바로 뒤에서 의뢰인인 집주인이 보고 있는데 "못하겠습니다."라고 할 수도 없는 노릇이었다.

한겨울인데도 이마에 땀이 맺히기 시작했을 때 그런 나의 기분을 아는지 모르는지 집주인이 이렇게 말했다.

"정말 이런 일은 프로가 아니면 무리겠군요."

"아! 예, 맡겨 주십시오."

"살았군요. 당신과 같은 유품정리인이 있어서, 그럼 뒷일은 잘 부탁합니다." 집주인은 그렇게 말하고는 재빨리 나가 버렸다.

도대체 어떻게 해야 할지 욕조의 침전물 앞에서 나는 팔짱을 끼고 생각할 수밖에 없었다. 수심은 꽤 깊어서 손으로 마개를 잡으려면 아마 어깨까지는 물에 잠길 것이다. 그렇다면 피부가 떠 있는 수면에 아슬아슬, 잘못하면 얼굴이 물에 닿아 버릴지도 모른다.

생각만 해도 전신이 가려워 오는 것 같았다. 단순하게 양동이로 퍼내는 방법도 있었지만 주변에 흘릴지도 모른다. 여러 가지 방법을 생각하며 견적을 마치고 나는 일단 회사로 돌아왔다.

다음 날 작업자 두 명이 가서 조금은 애를 먹을 거라는 예상과 달리 '슈퍼 일꾼'이라는 별명을 가진 A군이 멋지게 물 문제도 해결했고, 욕조도 원래대로 깨끗하게 해서 집주인을 기쁘게 해주고 돌아왔다. 어떻게 했는지는 기업 비밀이라고 해두자.

31.
자살 현장에서 보게 된
한 장의 사진

이 사진의 인물을 본 나는 엉겁결에
"에? 거짓말!" 하고 중얼거리고 있었다

그 사람은 세면장의 벽을 등지고 웅크린 채로 죽어 있었다고 한다. 시체의 반출이 끝나고 삼 일 후에 우리들이 그 집에 갔을 때는 마루 위에 고인(故人)의 발자국이 '여덟팔(八)'자와 같이 선명하게 남아 있었다.

강한 악취를 내고 있는 시체 흔적 앞을 지나 안쪽의 방에 들어가니 바닥에는 많은 서류와 우편물들이 흩어져 있었다. 나중에 유족에게 전하려고 흩어져 있던 서류와 급여명세서 등을 모아 종류별로 정리해 상자에 넣는 작업을 하던 중 나는 문득 책상 아래에 한 장의 사진이 떨어져 있는 것을 보았다. 왠지 마음에 걸려서 일하던 손을 멈추고 그 사진을 주웠다. 그리고 거기에 찍혀 있는 한 사람의 인물을 보고 나는 엉겁결에 "에? 거짓말!" 하고 중얼거리고 있었다.

F씨라고 하는, 내가 아는 사람이 찍혀 있었던 것이다. 두 사람이 찍힌 것을 보니 아마도 그의 옆에 있는 사람이 이번에 죽은 사람일 것이다. 이런 일이 연고가 있는 같은 지역 내의 이야기라면 모르지만, 거기에 있는 F씨도 나도 그 현장에서 족히 300킬로미터는 떨어진 장소에 살고 있었다. 하필이면 이렇게 멀리 떨어진 장소에서 이런 상황으로 내가 알고 있는 사람의 사진을 보게 되다니……

등골이 오싹할 정도로 지나친 우연에 앉지도 서지도 못하고 나는 그 자리에서 지인인 F씨의 휴대전화로 바로 연락했다.

"여보세요, F씨?" 인사도 하는 둥 마는 둥 나는 말을 꺼내었다.

"갑작스러운 말이지만 F씨, 혹시 ○○씨라고 하는 분과 아는 사이 아닙니까?"

"아, 그 사람! 두 달 전쯤 전근을 해서 A시(市)로 이사를 갔는데, 처음에는 전화로 연락하곤 하더니 아무도 새 주소를 알지 못해서……"

F씨는 고인이 전근 후 한 달쯤 되었을 때부터 갑자기 회사에 나오지 않는다는 연락을 받았고, 나흘 전에는 A시까지 와서 가족, 회사 사람들과 함께 행방을 찾던 중 집주소를 겨우 알아내 거기서 저세상 사람이 된 ○○씨를 발견했다고 이야기해 주었다.

"그랬습니까?"

"그런데 어떻게 그 일을 묻습니까?"

"사실은 지금 그 집의 유품정리를 하고 있습니다."

"예?" 그 순간 F씨가 놀라서 소리를 질렀다. "지금 거기에 있단 말인가요?"

"그렇습니다. 유품정리를 하다가 F씨가 찍힌 사진이 떨어져 있어서 깜짝 놀라 전화한 거죠."

"예, 이런 기막힌 우연도 있군요."

"그러게 말입니다."

"이것도 인연이라고 생각하고 잘 부탁합니다."

"물론이죠."라고 대답하고 나는 전화를 끊었다.

이 현장의 의뢰인은 고인의 형이었다. 현장에는 들어가고 싶지 않다고 해서 작업을 모두 완료하고 나서 확인만 하기로 했었는데, 이 형님도 F씨를 알고 있었고 조금 전의 일을 말하자 꽤 놀랐다. 이번의 경우 고인은 고독감에 자살해 버렸겠지만 멀리 있는 친구들이 일부러 찾아온 것에 감사하고 있을 것이라고 생각된다. 지금 와서 이런 말을 해도 너무 늦었겠지만 고인에게 한 마디 하고 싶은 말이 있다.

"당신은, 혼자가 아니었습니다."

32.

얼굴도 모르는
친척을 떠맡게 되다

어느 날 경찰로부터 알게 된
먼 친척의 고독사(孤獨死)

어느 날 갑자기 경찰서에서 전화가 와서 "당신의 먼 친척에 해당하는 사람이 변사체로 발견되었으니 신원 확인과 시신 인수를 하러 오십시오."라고 한다면 어떻게 할까?

이번에는 실제로 그런 경험을 한 사람의 이야기이다.

짧은 스포츠머리를 한 의뢰인인 남성은 화가 난 듯 했다. 견적을 하고 있는 동안에도 뭔가가 언짢은 듯 나와의 대화도 상당히 무뚝뚝하게 하고 있어서 나도 어떻게 대처해야 좋을지 막막했다. 현장은 50세 전후의 남성이 고독사(孤獨死)해서 사후(死後) 10일 정도에 발견된 맨션의 한 집이었다.

이런 장소에서 즐거운 게 오히려 이상하겠지만, 그렇다 하더라도 이상할 정도로 화를 내고 있는 것 같았다. 고인(故人)의 시체가 발견된 계기는 이웃집에 살고 있는 사람의 전화였다. 베란다를 서로 이웃하고 있는 방의 한구석에 구더기가 생기고 있는 것을 발견한 이웃 사람이 신고를 했고, 경찰과 관리 회사가 창문을 부수고 집 안에 들어왔을 때 안쪽 거실에서 발견되었다고 한다.

고독사 현장 주변에 사는 사람 중에는 그 악취를 어떻게든 하라고 유족들에게 거세게 항의하는 경우도 적지 않지만, 이번엔 내가 보기에도 그런 상황이 아닌 것 같았다. 그렇다면 왜 초면인 우리들에게 이렇게 언짢은 태도로 대하는지, 내 말이나 태도에 뭔가 실수가 있지는 않았는지 되짚어 보았지만 그럴 만한 일이 없었다. 그렇게 자문자답하면서 견적을 마치고 돌아갈 준비를 할 때 무뚝뚝한 태도를 취하던 의뢰인이 말을 걸어왔다.

"난 말이오. 그 죽은 사람과는 이제까지 한 번도 만난 적이 없어요. 물론 얼굴도 본 적이 없고. 한데 느닷없이 경찰이 전화를 해서는 먼 친척이라도 친척은 친척이니 내일 당장 오라고 일방적으로 말하다니."

"그랬습니까?"

"나도 일이 있고 가정생활도 있는데 갑자기 '내일 당장 오시오.'라고 하면 황당할 수밖에. 하물며 만난 적도 얘기한 적도 없는 거의 타인과 같은 사람이 죽었기 때문이라니."

듣고 보니 '그렇기도 하겠구나.'라고 생각되었다. 확실히 나에게도 만난 적도, 이야기한 적도 없는 친척이 있지만 설마 그런 사람의 사후 뒤처리를 할 책임이 내게 올 것이라고 생각한 적은 없었다. 당사자로서는 '경찰이 쓸데없이 나를 찾아내지만 않았다면 평소의 편안한 생활을 하고 있었을 텐데'라는 게 솔직한 심정일 것이다. 생각지도 못한 재난을 당했다고 표현할 수밖에 없다. 이런 뜻하지 않은 상황에 조우했을 때 상속을 포기하는 사람도 많은 것 같은데, 이 분은 불평하면서도 장례 절차까지 자기가 직접 처리했다. 무뚝뚝하기는 해도 천성은 좋은 사람 같았다. 모든 작업이 일단락되었을 때 나는 큰 맘 먹고 그에게 물어봤다.

"처음에는 아무래도 납득을 못하시는 것 같던데 이제 괜찮으십니까?"

"그래도 알았으면서 모른 척 할 수는 없으니까요. 게다가 죽은 사람을 생각하니 친척들과 왕래도 없이 몇십 년이나 혼자서 외로웠을 거라는 생각이 들더군요. 적어도 마지막은 우리 친족의 일원이어서 다행이었다고 생각한다면, 이제부터는 우리를 지켜봐 주지 않을까 해서……."

이런 긍정적인 생각이 가능한 사람도 그렇게 많지는 않을 것이다. 듣고 나니 머리가 숙여졌다. 고인도 틀림없이 기뻐하고 있을 것이다.

33.

은둔형 외톨이(히키코모리) 중년의 최후

—

직경 1미터의 큰 핏덩어리가
의미하는 것은?

"지금 바로 가볼 수 있겠습니까?"

"1시간이면 어떻게든 찾아갈 수 있을 거라고 생각됩니다."

"그래요, 그러면 바로 부탁합니다. 주소는……."

장의사의 전화에 나는 서둘러 준비를 하고 차에 올라탔다. 찾아간 곳은 한적한 주택가 안에 있는 아담한 맨션의 한 집이었다. 겉으로 보기에는 평화롭고 차분한 느낌의 맨션에서 소리 없이 참사가 일어나 있었던 것이다. 의뢰한 내용은 다다미 6조 크기의 서양식 방에 깔려 있는 카펫을 걷어서 철거해 달라는 내용이었는데 그렇게 말한 것을 보면 당연히 보통 상태의 카펫일 리가 없다.

인사를 하고 방 안에 들어가 보니 회색 카펫의 중앙에 직경 1미터 정도의 큰 핏덩어리가 있었다. 혈액은 응고되어 있지 않았고,

그다지 오래되지도 않았다. 결국 아주 단시간 안에 내가 불려 왔다는 말이 된다. 그런 상황인데도 의외로 가족들은 허둥지둥하지도 않았고 오히려 이상할 정도로 침착한 모습이 좀 마음에 걸렸지만, 나는 일부러 자세한 사정은 묻지 않고 묵묵히 작업을 시작했다. 조심스럽게 카펫을 걷어내고 바닥에 부착되어 있던 혈액을 씻어내고 나서 소독액을 살포했다. 약 한 시간의 작업 공정이었다.

다음 견적 현장으로 향하는 자동차의 핸들을 잡으면서 "도대체 어떻게 된 일이었을까?" 하며 나는 자문자답을 하고 있었다. 견적서를 적고 있던 중에 어딘가에서 걸려 온 전화에 얘기하던 부인의 말이 떠올랐다.

"은둔형 외톨이(히키코모리[12]) 기미가 있어서 거의 집에만 있었지만 바다는 좋아했던 것 같습니다."

"글쎄요. 최근에는 그다지 대화를 나눈 적도 없어서 잘 모르겠습니다."

"그것이, 화낼 것 같아 무서워서 아들 방에 들어간 적이 없어요."

"예, 발인은 내일입니다. 아무튼 갑작스런 일이라……."

"식사 약속은 모레로 연기해 주시겠어요?"

그 집의 부부는 같이 60세를 넘었고, 추측한다면 죽은 아들은 아마 40세 전후(前後)가 아닐까 생각된다. 방 안은 다량의 비디오와 TV 게임이 가득했고, 아무래도 아들은 하루 종일 그 방에 틀어박혀서 비디오를 보거나 게임을 하고 있었을 것이다. 게임용 소프트웨어와 비디오들은 가지런히 정리되어 있어 꼼꼼한 성격이었던 것 같지만, 전체적으로 먼지가 많은 걸로 보아 청소는 그다지 하지 않는 것 같았다.

부모님과는 견적에 관한 것 외에는 거의 말을 나누지 않았지만, 단편적이라고는 해도 그 정도쯤 보고 듣다 보면 자기 멋대로 스토리를 짜게 되는 것이 인간의 천성일 것이다. 그래서 여기서부터는 나의 추측이지만 아마 죽은 남성은 자살했을 거라고 생각된다. 병으로 저 정도로 많은 출혈을 했다는 것은 상식적으로 있을 수 없는 일이기 때문이다. 그리고 또 한 가지 신경 쓰이는 것은 부모들의 침착함이다. 아마도 오랫동안 집 안에만 틀어박혀 있는 아들에게 여러 가지 의미로 공포를 느끼고 있었던 것은 아닐까.

부모가 자식보다 먼저 죽는 것이 세상일이지만 나이든 부모가 중년 아들을 언제까지 보살필 수 있을지 하는 불안이 크지는 않았을까. 어쩌면 아들의 자살로 저 노부부는 무언가로부터 해방되었다고나 할까 아니면 한 짐을 덜었다고 생각하진 않았을까 하는 생각이 든다. '사랑이 반, 미움이 반'이라고도 하지만, 사랑하는 한편 지긋지긋하기도 하고 무섭기도 하고 밉기도 한 이런 모순적인 감정을 동시에 품는 것이 인간일지도 모른다는 생각이 들었다.

이것은 어디까지나 추측에 불과한 것이다. 그러나 그것이 만일 진실이라면 두 사람에게는 '상심이 크시겠습니다.'와 동시에 '오랫동안 정말 고생 많으셨습니다.'라고 말씀드리고 싶어지는 그런 마음이 드는 사건이었다.

34.

별채에
틀어박혀 있는 노인

—

"믿을 수 없을지도 모르지만
쥐와 살았던 것 같더군요."

/

위생 환경이 좋아져서 쥐를 그다지 볼 수 없게 된 탓인지 아니면 우라야스(浦安)시에 있는 어느 테마파크(디즈니랜드) 덕택인지 최근에는 쥐라고 해도 귀여운 생물로 생각하는 사람도 많은 것 같지만, 역시 진짜 쥐는 그다지 만나고 싶지 않은 동물일 것이다.

어느 날 견적을 내러 갔던 집의 일이다. 의뢰인은 어디서나 볼 수 있는 사람 좋아 보이는 할아버지였지만 집이 다섯 채 정도나 들어서 있는 넓은 땅을 소유하고 있는, 아무래도 이 주변에서는 유명한 지주(地主)인 것 같았다. 안채에 들어가서 인사를 하니 할아버지가 뒤쪽에 있는 별채로 안내해 주었다. 낡은 목조로 된 단층집이었는데 그 건물에 다가갈수록 뭐라고 말로 표현할 수 없는 이상한 악취가 강해지는 것을 느꼈다.

별채에 살고 있던 사람은 할아버지의 동생으로 어렸을 때부터 은둔형 외톨이(히키코모리) 기미가 있었다고 했다. 이십 년 정도 전부터는 그런 경향이 한층 강해져서 사실 형조차도 얼굴을 대하려고 하면 도망가 버렸다고 한다. 별채 안에는 누구 한 사람도 들여보내지 않았고, 무리하게 들어가려고 하면 손을 쓸 수 없을 정도로 난폭하게 저항해서 동생이 그 안에서 고독사(孤獨死)할 때까지 할아버지도 들어간 적이 없었다고 말했다. '은둔형 외톨이(히키코모리)'라고 하면 산업화된 현대 사회가 만들어낸 현대병 정도로들 많이 알고 있는데, 그렇게 오래 전부터 은둔형 외톨이가 있었다는 것이 조금 놀라웠다.

식사는 할아버지의 부인이 정해진 곳에 놓아두면 조용히 가지고 가서 먹었다고 한다. 이틀 정도 먹은 흔적이 없기에 경찰을 불러서 같이 안으로 들어가 보니 죽어 있었다.

"믿을 수 없을지도 모르지만 쥐와 살았던 것 같더군요."

부끄럽다는 듯이 그렇게 말하는 할아버지에게 나는 목을 좌우로 흔들었다.

"위로가 안 될지도 모르지만 동생분과 같은 사람이 많습니다. 저도 몇 사람을 실제로 눈으로 봐 왔었고……." 나는 이렇게 말하며 견적을 내기 위해 집 안으로 들어갔다. 집 안의 참혹한 모습은 필설(筆舌)로 다할 수 없었다. 그때의 충격을 메모로 남겨 놓은 것이 있어서 그대로 여기에 옮긴다.

거북해서 삼십 분도 있을 수 없다. 바닥이 너덜너덜해졌고 다다미는 습기로 썩어 있다. 벽에는 기둥 옆에 쥐구멍이 6개나 있고, 산소가 포함되지 않은 것 같이 공기의 종류가 다르다. 이불의 솜도 쥐어뜯긴 듯 모두 빠져나와 있어서 구둣발이 아니면 차마 들어갈 수 없다. 이미 죽음에 익숙한 나로선 쥐 냄새보다 시취가 더 나을 정도다.

솔직히 말해서 상당히 고된 현장이었다. 그러나 할아버지도 힘들었기에 우리에게 부탁했을 것이다. 유품정리의 일에 좋고 나쁘고가 있을 수 없다. 다른 어떤 일보다 "고맙습니다!"라는 감사의 말을 많이 듣는 보람 있는 일이다. 모두가 싫어하는 일도 누군가 하지 않으면 안 되고, 그렇기 때문에 완수했을 때 의뢰인들이 감사하고 기쁘게 생각하는 것일 것이다.

35.
어느 선생님의
알려지지 않은 일면

당신의 수집품(collection)이
'유품'이 될지도 모른다

죽은 사람은 55세의 독신남성이었다. 발견되었을 때는 이미 사후 (死後) 3주 경과. 현장에 유족의 입회는 없었고, 현장에서 휴대전화를 통해서 연락하기로 되어 있었다.

"상심이 크시겠습니다."

"예……."

"작업 당일에는 여기에 오실 겁니까?"

"아니요……."

"특별히 보관하고 싶거나 공양(供養)할 유품이 있습니까?"

"아니요, 집주인에게 모두 일임해 놓았으니……."

"알겠습니다. 그럼 집주인하고 얘기해서 작업을 진행하도록 하겠습니다."

전화의 상대방은 고인(故人)의 누나라고 하는 분이었다. 남동생과는 벌써 이십 년 이상 만나지 않아서 전화에서 전해 오는 것은 슬프다기보다는 당황함이나 곤혹감이었고, 어조는 분명히 귀찮은 듯 했다. 하지만 요즘 같은 시대에 상속 포기를 하지 않고 비용을 부담하려고 생각하는 것만으로도 훌륭한 일일지도 모르겠다.

사실은 현장에 입회할 수 없는 다른 이유도 있었다. 고인의 집에는 성인비디오가 산처럼 쌓여 있었고, 또한 벽에는 아이들에게 절대로 보여줄 수 없는 포스터가 여기저기에 붙어 있는 데다가 바닥에도 그 종류의 사진집으로 가득했던 것이다. 제4화에서도 같은 취미를 가진 사람의 유품정리 일화를 썼었지만, 비디오 수량으로 보자면 이 사람이 한 수 위였다.

삼십 개를 넣을 수 있는 종이 박스가 40여 개나 되었다. 그대로 성인비디오 전문대여점을 개업해도 될 것 같은 수량이었다. 이 사람은 생전에 도대체 어떤 직업을 가졌을까 하는 생각이 머릿속을 스쳤다. '사후(死後) 3주(週) 경과'라는 것을 고려해서 견적 다음 날 바로 작업에 들어가기로 했다. 서둘러 유품 등을 정리하고 방에 가득한 죽음의 흔적을 제거하지 않으면 이웃 사람들 생활에 영향을 끼치게 된다. 작업을 평소보다 빠른 속도로 진행했다. 작업을 시작하고 삼십 분 정도 지났을까. 옷장에 들어 있던 가죽가방 속의 서류에서 뜻하지 않게도 고인의 직업을 알 수가 있었다.

놀랍게도 삼 년 정도 전까지는 현역 초등학교 교사였다. 정말 깜짝 놀랐다. 물론 '학교 선생이 성인군자처럼 항상 깨끗하고 올

곧아야 한다'라고 말할 생각은 조금도 없다. 인간의 겉모습과 속마음이 다른 것은 어떤 의미에서는 당연한 일이다.

그 사람이 어떤 성향(性向)이나 취미를 가지고 있다고 해도, 그것으로 누군가에게 폐를 끼치지 않는다면 그 사람을 책망할 수는 없는 것이다. 그렇다고는 하지만 '이미지'라는 것도 생각해야 한다.

집주인도 '오랫동안 살고 있는 사람들 중에 가장 성실하고 진실하다고 생각하고 있었던 학교 선생님이었는데 알고 보니…….' 이런 상황이어서 아주 경악하고 있었다.

우리 같은 일을 하다 보면 가끔씩 '인간의 양면성'이라고 하는 현실에 조우하는 경우가 자주 있다. 남겨진 사람들에게 있어서는 '오히려 모르는 편이 더 나은 고인의 비밀'을 알게 되는 경우가 실제로 자주 있다. 이런 말을 하면 재수 없는 소리를 한다고 할 수도 있겠지만, 당신이 가지고 있는 물건이 언제 '유품'이 될지 그것은 하느님 외에는 누구도 모르는 일이다.

만약 당신의 신상에 어떤 일이 일어난다면?

다른 사람에게 알리고 싶지 않은, 혹은 보여주고 싶지 않은 이런 것, 저런 것들.

자, 당신은 그런 것들을 어떻게 하고 있을까?

36.

부유한 아들이
부모에게 남긴 엄청난 것들

———

자살로 잃게 되는 것은
본인의 목숨뿐만이 아니다

죽은 본인은 설마 그런 일이 될 줄은 생각도 하지 않았겠지만, 남겨진 유족에게 있어서 자살은 큰 부담이 될 수도 있다.

그 현장이 된 도심의 맨션은 아주 새 것에다가 넓고, 시설도 호화스러워서 집세도 월 30만 엔(円) 이하로는 내려가지 않을 거라고 생각되는 건물이었다. 집주인은 아직 스물다섯 살의 청년이었다. 자세한 직업은 듣지 못했지만, 고급 맨션에 살고 고급 외제차를 타고 돌아다니고 집 안에는 최신 전자제품이 줄지어 있었다. 지금 유행하는 벤처기업의 경영자도 아니고, 투자로 한밑천 잡은 것도 아닌 스물다섯 살의 젊은 남자가 어떻게 이런 우아한 삶이 가능했는지 나는 상상도 할 수 없었다.

지방에서 도시로 나와 취직한 젊은 사람이 어떤 계기로 어느 정도 목돈을 잡아 도시의 사치스런 생활에 빠지기 시작했고, 드디어 그 호화로움이 일상이 되면 또 그것을 유지하기 위해 중독 환자처럼 돈만을 구하다가 자신을 잃어버리게 된다.

생전에 아들이 살고 있던 집에서 견적에 참석한 부모를 보니 아버지는 건설회사에 근무하는 샐러리맨이었고, 어머니는 전업주부인 극히 평범한 부부였다. 그날 아침 지방에서 상경한 부모님을 그 맨션의 현관까지 모시고 왔을 때 두 사람은 눈을 휘둥그레 뜨며 말했다.

"우리 아들이 정말 이런 곳에서 살았습니까?"

기막히다는 듯 현관 앞에 서 있는 두 사람을 엘리베이터에 태우고 나는 15층 버튼을 눌렀다. 목적한 층에 도착해서 아들이 살았던 집 앞에 와서도 두 사람은 집 안으로 들어가려고 하지 않았다. 아들이 스스로 목숨을 끊은 현장을 보는 것에 대한 불안도 있었을 것이고, 어울리지 않는 장소에 대한 위화감도 있었을 것이다.

할 수 없이 나는 아버지로부터 열쇠를 빌려서 한 발 먼저 방 안에 들어갔다. 수면제를 먹고 나서 손목을 잘랐기 때문에 예상은 했었지만 방 안 여기저기에 혈흔이 가득 묻어 있었다. 그 방을 저 순박한 부모님에게 보여 주는 일이 과연 정말 잘하는 일인지 모르겠기에, 나는 잠시 그곳에서 생각에 잠겨 버렸다. 나는 방 밖으로 나와서 두 분에게 말했다.

"아버님만 들어가시면 어떻겠습니까? 솔직히 말해서 방 안은 그다지 좋은 상태가 아니라서 먼저 아버님이 보시고 나서 판단해 주십시오." 그것이 내가 내린 결론이었다.

아버님은 알았다는 듯이 고개를 끄덕였다. 방구석에 선 채로 아버지는 한 마디 말도 하지 않았지만 얼마나 충격을 받았는지 나에게도 아픔이 전달될 정도였다. 1분, 아니 그보다 짧은 시간이었는지도 모르지만 눈물이 맺힌 새빨간 눈을 감추며 아버지는 방에서 나가셨다.

"지금 이 상황으로는 힘드실 테니까 내일 제가 집 안을 어느 정도 깨끗하게 해서 두 분이 안으로 들어갈 수 있는 상태로 만들어 놓겠습니다. 그 후에 다시 방에 들어오셔서 귀중품과 유품을 찾으면 어떻겠습니까?"

내 말에 부모님이 찬성했기 때문에 다음 날 방 안의 혈흔을 전부 깨끗하게 닦아낸 후 두 분을 방 안으로 모시고 거기서 유품정리를 했다. 그러나 사태는 그것만으로 수습되지 않았다. 아들이 죽은 뒤에 더욱 더 큰 비극이 그 부모를 기다리고 있었다.

"이 독촉장은 카드론입니까?"

그 목소리는 떨리고 있었다.

"예, 그렇다고 생각합니다만."

"백만 엔의 빚이 있다는 것이군요."

"확실히는 모르지만 그럴지도 모르겠군요."

나는 아버님의 물음에 대답하기 어려워 그 장소에서 도망가고 싶은 마음이 들었다. 빚뿐만이 아니었다. 맨션의 보증인이 누구인지는 모르겠지만, 관리 회사에서는 그 집이 자살 물건(物件)이 되었기 때문에 손실에 대해 고액의 피해 보상을 요구할 가능성이 있다는 것을 부정할 수 없었다. 그러나 "그런 일이 있을지도 모릅니다."라는 말을 이 상황에서 그 부모에게 말할 수는 없었다. 거기다 만약 집세까지 체납되어 있다면 차마 눈뜨고 볼 수 없는 상황이 될 게 분명했다. 내가 할 수 있는 일은 집 정리 비용을 가능한 싸게 해주는 방법 정도밖에 없다. 결국 혈흔 등의 청소는 서비스로 해드리고 유품정리 대금만 받기로 했다. 내 임무는 여기까지지만 아직 뭔가 해줄 수 있는 게 있을 것 같은, 미련이 남는 기분으로 현장을 뒤로 했다. 장의사에게 지불할 돈도 분할로 했다고 들었기 때문에 그 부부가 아들이 남긴 부채를 변제하기는 아마 무리일 것이다.

어찌할 바를 몰라 하는 저 부부의 모습을 생각하면 아직도 가슴 아프다. 자살로 잃게 되는 것은 본인의 목숨뿐만이 아니라는 것을 통감하게 하는 사건이었다.

37.
아무 일도 없다는 듯 따스하던 아들의 투신(投身) 자살 현장

───

27세에 목숨을 끊어 버린
아들의 마음 깊이 남았던 것은 무엇일까?

같은 자살 현장의 처리라도 실내, 즉 밀실에서 죽은 경우와 사람들 눈에 띄기 쉬운 실외에서 죽은 경우의 긴급성에는 꽤 큰 차이가 있다. 그리고 가장 긴급성을 필요로 하는 것 중의 하나가 투신 자살이다.

"○○ 마찌(町)인데 몇 분이면 올 수 있습니까?"

"15분이면 갈 수 있습니다!"

자세한 이야기는 현장에 도착해서 들어도 충분하다. 나는 전화를 끊고 바로 작업복으로 갈아입고 스태프와 함께 사무실을 뛰어나왔다. 우리들이 도착할 때쯤에는 시체는 이미 옮겨져 있는 것이 보통이다. 알고 있다고는 하지만 현장을 향하는 차 안에선 어느덧 현장의 상황을 이래저래 상상하게 된다.

시체가 있었던 장소에는 골판지가 3조 정도 넓이로 덮여 있었다. 우리를 맞이한 사람은 고인의 부친이었다.

"미안합니다. 갑자기 불러내서."

그렇게 말하며 머리를 숙인 아버지의 얼굴에는 핏기가 없었고, 입고 있는 바지의 무릎 주변이 살짝 떨리고 있었다.

"아닙니다. 그것보다 아버님이야말로 괜찮습니까?"

"예⋯⋯."

부친은 고개를 끄덕이며 눈앞에 있는 10층 건물인 맨션을 올려다보며 말을 이었다.

"투신 자살이라고 합니다. 현장에서 아들의 시체를 확인하고 나서 경찰서에 갔는데, 그때 경찰이 나중에 청소를 하라고 하더군요. 하지만 어디 부탁할 데도 없고 해서 경찰에게 물어봤더니 당신네 회사를 소개시켜 줬습니다."

"그랬습니까?"

"아무래도 주변 사람들이 보는 앞에서 아들이 투신 자살한 장소의 핏자국을 씻어낼 수는 없더군요."

"그렇겠지요." 나는 깊이 공감했다.

슬퍼할 여유도 없을 때, 브러시를 가지고 도로를 문지를 수는 없을 것이다. 뉴스 등을 보고 있으면 사건이나 사고가 있었던 장소를 경찰이 청소하고 있는 영상이 나오곤 하지만 내가 아는 한 적어도 자살일 경우는 경찰관이 뒤처리를 해주는 일은 없다.

작업이 끝나면 부를 테니까 자택(바로 옆의 맨션이었다.)에서 기다리라고 하고 우리는 작업을 시작했다. 골판지를 걷어내고 주변에 흩어져 있는 작은 살점과 뇌장(腦漿)을 모아서 전용 비닐봉지에 넣고, 그 뒤에 도로에 퍼진 혈흔 위에 세제를 뿌려 세정했다. 작업은 약 15분 정도 걸렸다. 물에 젖은 아스팔트 도로는 아무 일도 없었다는 듯이 한낮의 볕을 반사하고 있었다.

자살한 아들과 그 가족은 투신 현장이 된 맨션의 바로 옆 맨션에 살고 있었는데, 사건 후 바로 그곳에서 이사할 것을 결심하고 유품정리와 이삿짐 정리도 우리가 하게 되었다. 이사한 곳은 가족의 일을 아는 사람이 없는, 아무런 연고도 없는 다른 현(縣)이었다.

죽은 아들은 소위 니트(NEET)[13]로, 고등학교를 졸업한 뒤 9년간 거의 외출도 하지 않고 집에서 지내고 있었다고 한다. 말이 9년이지 초등학교 1학년이 중학교를 졸업할 때까지의 시간이다.

어떻게 손 쓸 방법이 없었던 걸까 하는 생각도 들었다. 하지만 가족에게는 그 가족만의 사정이라는 것이 있기에 당사자가 아니면 이해할 수 없는 면이 있을지도 모르겠다. 자살 원인은 모른다. 대충 표면적인 원인은 짐작할 수 있다고 해도, 스물일곱 살에 스스로 목숨을 끊어 버린 아들의 마음 깊숙한 곳에 있었던 것을 헤아리는 것은 누구도 할 수 없는 일일 것이다.

38.
휴대전화가 알려준
19세의 고독사(孤獨死)

―

모친은 죽은 아들의 휴대전화
착신 이력을 쫓고 있었다

한여름의 어느 뜨거운 날이었다.

이웃의 신고로 발견된 것은 열아홉 살 대학생의 시체였다. 그
해 4월에 원하던 대학에 합격하고 불과 4개월 후에 맞은 죽음이
었다. 입학한 후 한동안은 고향에 계신 부모님께 종종 전화가 와
서 친구도 생겼다고 즐겁게 이야기하곤 했는데, 한동안 연락이 오
지 않아 걱정하고 있던 차에 날아온 부고(訃告)였던 것이다.

모친에게 들은 바로는 사인(死因)은 돌연사라고 한다. 우리 스
태프들은 여름철 사후(死後) 2개월이라는 악조건의 현장에서도 기
가 꺾이지 않고 빈틈없는 작업으로 모친으로부터 많은 감사를 받
았다.

어릴 때부터 큰 병치레도 없었고, 학교에서는 항상 개근상을

탈 정도로 성실했던 아들이 돌연사라고 하는 어처구니없는 죽음을 맞았다. 2개월이나 지난 후에 참혹한 모습으로 발견된 것에 대한 충격이 너무 커서 부친은 아오모리(靑森)현에서 올 수 조차 없었던 것 같다. 그래서 견적부터 마무리까지 모친 혼자서 입회를 했는데 그동안 모친은 울음을 그치지 못했다. 스태프 중에는 모친의 그 한 스러움이 서글퍼서 자신도 모르게 따라 우는 이도 있었다.

유품정리가 거의 끝나갈 무렵 죽은 아들이 사용했던 휴대전화가 발견되었다. 전원이 꺼져 있었지만 모친이 충전해서 전원을 켜니 착신된 메시지가 꽤 많이 들어온 듯 했다. 어머니가 모르는 이름은 아마도 대학에서 만난 친구들일 것이다. 그 자리에서 착신된 번호로 전화를 해서 그들에게 울면서 아들이 죽은 것을 알려주었다. 그날 작업을 마치고 돌아가는 스태프들에게 웃음은 없었다. 보람이나 만족스러움도 없었다.

'가능한 이런 현장은 없는 편이' 하는 쓸쓸한 마음만 가득했다.

고인의 유품정리를 하는 데 있어서 그 연령은 관계없지만 아무래도 죽은 사람의 나이가 젊으면 젊을수록 유족의 슬픔이 큰 것은 어쩔 수 없는 일인 것 같다. 아무리 일이라고 해도 사람이 슬퍼하는 모습을 보는 것에 익숙해지는 일은 앞으로도 없을 것이다.

39.

한여름의
배기가스 자살차(車)

—

"시취가 너무 심해서
운전할 수 없습니다."

연일 35도를 넘는 혹서(酷暑)가 계속되던 어느 여름날 오후, 한 통의 전화가 걸려 왔다. 의뢰 내용은 공원의 주차장에 주차되어 있는 어느 자동차를 가지고 가서 폐차해 달라는 것이었다. 자동차는 의뢰인 여성의 남동생 소유로, 동생은 그 안에서 배기가스 자살로 죽었다고 했다. 발견될 때까지 그리 오래 걸린 건 아니었지만, 여름철인데다 한낮 차 안의 온도가 80도 가까이 올라갔기 때문에 부패의 진행이 빠르고 시취가 꽤 심할 것이라는 것은 쉽게 상상이 되었다.

공원관리사무소가 오늘 중으로 자동차를 철거하라고 했기 때문에 의뢰인이 상당히 애가 탄 것 같아서 바로 스태프인 A군을 현장으로 보냈다. A군이 현장으로 향하는 사이에 나는 견인차를 알아보았지만, 하필이면 오늘따라 바로 수배가 되지 않았다. 견인회사의 연락을 기다리면서 A군에게 연락해 보니 그는 벌써 현장에 도착해 있었다.

"아직 견인차 수배가 안됐는데 A군, 자동차는 움직이나?"

"운전석에서 죽었습니다. 시트 위에 골판지 상자라도 깔아 놓으면 어떻게든 운전은 가능하겠지만, 아무래도 악취가 너무 심해서."

나는 그 자리에서 A군을 말렸다.

"A군, 절대로 운전하지 말게! 그런 상태의 차를 운전하다 사고라도 나면 큰일이니까."

"알겠습니다."

"주차장 밖까지 밀고 갈 수는 있겠나?"

"아니요, 출구까지 경사가 져서 좀 어렵겠습니다."

"그래……, 유족은 거기 계시나?"

"예, 근처 다방에서 기다리고 계십니다."

"그래, 어쨌든 오늘 중에는 어떻게 되겠지만 늦을 수도 있다고 전해 주겠나?"

"예, 알겠습니다. 그럼 잠시 여기에서 대기하고 있겠습니다."

그로부터 4시간 후 해가 저물기 시작할 쯤에야 겨우 현장에 견인차가 와서 그 자동차를 폐차장에 옮겨 주었다. 나중에 들은 이야기로는 A군이 공원 주차장에 도착했을 때, 의뢰인인 누나는 전혀 모르는 곳에 덩그러니 남겨진 차를 앞에 두고 웅크려 울고 있었다고 한다. 경찰에게 어떻게 하면 좋을지 상담해도 "뒷일은

스스로 알아서 처리하세요."라고 해서 그때는 눈앞이 깜깜했다고
한다.

경찰 업무 밖이라고 한다면 어쩔 수 없지만 좀 더 친절하게 조
언해 주었으면 하는 생각이 들었다. 하지만 그것도 '자기책임'이
라고 하는 기준으로 본다면 남에게 기대는 것밖에 안 되는 것일
까? 공원에 있는 공중전화박스의 직업별 전화번호부에서 우연히
우리 회사를 발견해 무사히 끝낼 수 있었지만 이럴 때 친절하게
어드바이스를 해줄 수 있는 공공 기관이라는 것은 없는 것인지 아
쉬운 마음이다.

40.
한밤중에 걸려 온
특이한 의뢰 전화

—

"지금 자살할 것이니까
유품정리를 부탁합니다."

어느 심야에 사무실에 걸려 온 전화가 내 휴대전화로 전송되어 왔다.

"여보세요?"

"저, 문의할 게 있는데……?"

마치 지옥 밑바닥에서 들려오는 것 같은 소리라고나 할까, 전화를 건 사람은 왠지 아주 어두운 느낌의 사람이었다.

"무슨 일이십니까?"

"지금 죽을 건데 유품정리를 부탁하고 싶습니다."

"예? 지금 자살한다고요? 다시 한 번 생각해 보세요. 실례지만 나이가 어떻게 되십니까?"

"스물다섯 살입니다만, 이미 정했으니 말리지 마세요."

"자살한다는 소리를 듣고 '아, 그렇습니까?'라고 말할 순 없습니다.”

“그것보다도 유품정리를 부탁하고 싶어서 전화를 했는데요.”

“제발 그런 말도 안 되는 소리 하지 마시고, 유품정리를 의뢰하고 싶으시면 내일 신청하러 오세요.”

수화기 너머로 상대방이 절규하는 것을 알 수 있었다.

“신청하러 가지 않으면 부탁할 수 없는 겁니까?”

“예, 사정을 들은 후에 가족의 승인이 없으면 접수가 안 됩니다.”

“내일은 힘들겠고, 신청하러 갈 날이 정해지면 다시 전화하겠습니다. 고맙습니다.” 전화가 끊긴 후 나도 모르게 손에 들고 있던 휴대전화를 물끄러미 쳐다봤다.

왠지 어설픈 콩트 같지만 세상에는 이런 사람도 있다. 나는 좀 이해가 안됐지만 아무래도 그는 진지한 것 같았다. 아니 진지하니까 그렇게까지 깊이 생각한 건지도 모르겠다. 자기가 죽고 나서 사람들에게 폐를 끼치지 않으려고 스스로 유품정리를 생각하고 있었겠지만, 자살하는 것 자체가 사람에게 폐를 끼친다는 것은 모르는 것 같았다.

그 이후 '자살 희망자'로부터의 연락은 없었다. 분명히 자살을 단념했다고 생각된다. 자살한 후의 유품정리를 몇 번이나 해왔지만 남겨진 유족의 대부분은 고인이 좋은 사람이었다고 얘기한다. 본인이 생각하고 있는 것 이상으로 가족은 걱정하고 있는 것이다.

41.

누구한테서 들었습니까!

고독사(孤獨死)를 숨기고 싶어 하는
유족이 많은 것 같다

유품정리 견적을 내기 위해 그 방에 들어간 순간부터 나는 이상한
분위기와 '악취'를 느꼈다.

다다미 8조 방의 창가 싱글 침대 위에는 부자연스럽게 이불이
수북이 쌓여 있어 마치 그 밑에 누군가 숨어 있는 듯 했고, 게다가
겨울인데도 창문이 전부 열려 있는 것으로 보아 나는 이미 내 직
감이 빗나가지 않았다는 것을 확신하고 있었다. 그런데도 방에서
나를 기다리던 유족은 간단하게 인사를 마친 후 아무 일도 없었다
는 듯이 담담한 어조로 말을 꺼냈다.

"이 방은 이제 쓰지 않을 거니까 살림살이는 하나도 남기지 말
고 정리해 주십시오. 가능하면 모레까지 전부 마쳤으면 합니다."

전화로는 단순한 유품정리라고 했었는데, 지금까지의 경험으

로 보자면 여기서 누군가가 죽은 채 오랫동안 발견되지 않았던 것이 분명했다. 그러나 만약 그것이 착각이라면 큰일이기 때문에 나는 가볍게 물어보았다.

"여기 사시던 분의 가족이시군요."

"예, 그렇습니다. 동생입니다."

"돌아가신 곳이 이 방입니까?"

나의 한 마디로 인해 조용해진 방 안에 긴장감이 감돌았다. 60세가 지났다고 생각되는 고인(故人)의 동생 얼굴이 점점 빨갛게 변했다.

"뭡니까! 누구한테서 들었습니까? 그게 당신과 무슨 상관이 있습니까?"

동생의 부인이 안색을 바꾸며 나를 다그쳤다.

"누가 그럽디까?"

"아니요, 누구한테 들었다는 게 아닙니다. 누가 말하지 않아도 고독사(孤獨死)한 분의 집을 지금까지 몇 번이나 방문했었기 때문에 냄새로도 대충 알 수 있습니다."

"……."

"만약 그렇다면 적어도 소독 작업은 꼭 해야 되니까 자세하게 말씀해 주시겠습니까?"

"……."

"절대로 입 밖에 내지 않을 테니 그런 점은 안심하셔도 좋습니다."

"그래도……."

"집주인은 이 일을 알고 계십니까? 이 방에는 시취가 남아 있기 때문에 혹시 집주인 쪽에서 탈취해 달라고 요청할지도 모릅니다. 될 수 있으면 탈취 작업도 하는 편이 낫겠습니다."

이렇게 말하니 유족은 납득한 듯이 귀를 기울이기 시작했다. 아무래도 이런 현실은 그다지 알리고 싶지 않아서 감추려고 하는 사람이 많지만, 이럴 때 완벽하게 대처하지 않으면 나중에 집주인과 유족 간에 임대료나 리모델링 등의 보상 문제로 재판까지 가는 경우도 많다. 얘기를 하는 동안에 조금씩 안심이 되었는지 유족은 자세히 이야기해 주었다.

돌아가신 분은 형이고 향년 74세였다. 발견됐을 때는 사후(死後) 4주가 되었을 때였고, 겨울철인데도 불구하고 부패가 시작되어 구더기가 발생하고 있는 상태였다고 했다. 침대 위에서 돌아가신 것이 불행 중 다행이었고, 방 안은 그렇게 심한 상태는 아니었다. 유족도 냄새가 걱정되어서 내가 방문했을 때도 창문을 전부 열어 냄새를 못 느끼게 하고 싶었다는 것이다. 다음 날에는 집주인도 입회한 상태에서 소독과 탈취 작업을 하는 것으로 결정을 했다.

임대주택 내에서 사망자가 발생한 경우 집주인은 다음 입주자에게 사실을 알릴 의무가 있고, 변사체(變死體)인 경우에는 일 년 정도는 방을 비워 둘 각오를 해야만 한다. 이번 경우는 집주인이 고인과 사이가 괜찮았고 인품도 좋았기 때문에, 소송 문제까지 발전하지 않아 유족은 감사하고 있었다.

42.
가장 무서웠던 자살 현장은, 호텔 13층

괴담보다·더 무서운 것,
그것은?

나고야(名古屋) 시내의 어느 비즈니스호텔에서의 의뢰였다. 견적을 내기 위해 안내된 그 방은 눈에 잘 띄는 흔한 싱글 룸이었다. 빈틈 없이 커튼이 처져 있어 좀 어두웠고, 바람이 통하지 않기 때문인지 아니면 그런 생각 탓인지 비린내가 나는 듯 했다. 나를 안내한 젊은 남자 종업원은 나에게 전기 스위치의 위치를 알려주고는,

"여기서 기다리고 있어도 되겠습니까?"라며 입구에 선 채 움직이려 하지 않았다.

"예, 물론입니다."

혼자서 실내에 들어가 전기를 켜려고 했을 때 오른발에 뭔가가 밟혔다. 뭔가 미끄러운 종이 같은 것이었다. 발밑을 보니 그것은 신문지였다. 바닥 전체에 퍼진 끈적끈적한 피를 덮어 두었던

것이다. 방 넓이는 다다미 6조 정도였는데 입구에서부터 욕실, 마루, 벽, 침대까지 온 방 안에 피가 튄 흔적이 있었다. 가장 심한 것은 욕실과 침대 위였고, 물이 담겨 있는 욕조 안은 문자 그대로 '피바다'였다.

아마도 욕실에서 손목을 잘랐지만 좀처럼 숨이 끊어지지 않아 괴로워하며 방 안에서 몸부림치고 있는 동안에 피가 여기저기에 튀었고, 마지막은 침대 위에서 숨이 끊어진 것 같았다. 그렇다고는 해도 천정까지 피가 튀어 있는 것을 보니 상당히 괴롭고 고통스러웠을 것이다. 모르는 사람이 보면 '살인 현장'이라고 말해도 그대로 믿을 정도로 처참했다.

소름이 돋는 말이지만 만약 내가 자살을 한다면 손목을 끊는 것만은 하지 않으리라 생각했다.

호텔 측에서 의뢰한 것은 욕실 청소와 바닥의 카펫을 벗겨서 철거하는 것, 침대 매트 철거, 남은 고인(故人)의 물건 처리, 정리하기 전에 승려에게 공양(供養)하는 것 정도였다.

"그러면 내일 10시부터 작업을 시작하도록 하겠습니다."

견적서를 건네고 돌아가려는 나에게 지배인은 뭔가 생각났다는 듯이 나를 불렀다.

"저, 내일 작업할 때 엘리베이터는 사용하지 말고 작업해 주시겠습니까?"

"그렇게 말씀하시면 작업은?"

"24시간 손님이 출입하고 있는데 사람들 눈에 띄면 저희로서도 좀 곤란해서, 죄송하지만 비상계단을 사용해 주시겠습니까?"

나는 "하지만"이라는 말을 꾹 참고, "알겠습니다. 그렇게 하도록 하겠습니다." 하고 대답했지만 솔직히 좀 걱정이 되었다. 그 방이 13층이었기 때문이다. 재수 없는 숫자라는 것도 있지만, 1층에서 13층을 몇 번이나 왕복해야 한다는 것이 훨씬 더 내 마음을 무겁게 했다.

회사로 돌아와서는 아무래도 안 될 것 같아서 사람들 눈에 띄지 않게 하고, 나름대로 위장할 테니 어떻게든 엘리베이터를 이용하게 해달라고 전화로 교섭했지만 그것만은 도저히 양보할 수 없다고 해서, 작업 인원을 늘려서 대처하는 것으로 결말이 났다.

작업하는 우리들은 죽음과 접하는 것이 일상이다. 그러나 의뢰인들에게 있어서 죽음은 결코 일상이 아니다. 엘리베이터를 이용하는 것이 당연하다고 생각했던 나의 안이한 생각을 나중에서야 반성하게 됐다. 그러나 13층까지 오르락내리락하는 것은 생각했던 것보다 아주 힘들었다.

일의 성격상 흔히들 말하는 괴담 따위는 전혀 무섭지 않았지만, 계단을 오르락내리락하는 일은 가능하다면 피하고 싶은 것이다.

43.
니트(NEET)의 방에
남겨진 두 개의 함

"이 방에는 정상적인 게
하나도 없어."

2005년 연말이 가깝던 어느 날, 유품정리 현장에서 인수한 물건 중 기막힌 것을 발견했다.

고인(故人)과 관계있는 사람이 행방불명이 되었다며 맨션 관리 회사가 의뢰를 해왔다. 관리회사의 말로는 원래 그 방은 부자(父子) 두 사람이 살았는데, 6개월 전에 70세를 눈앞에 둔 아버지가 돌아가신 후 아들이 잠시 살았다고 한다. 그런데 4개월 정도 전부터 집세가 밀려서 독촉하려고 집을 방문해 보니 살림살이를 그대로 놔두고 야반도주를 한 것 같다고 했다. 아무리 알아봐도 친척 연락처조차 알 수 없어서 집주인이 변호사와 상담한 후 철거하기로 결정했다는 것이다.

홀아비살림이라서 어느 정도는 각오하고 갔지만, 정리가 안 되어 있는 것은 둘째 치더라도 방 안은 거의 '쓰레기장'이라고 해도 좋을 정도로 처참한 상황이었다. 유리문은 온통 금이 가 있고 화장실 등은 말로 표현할 수 없을 정도였다. 반쯤 쓰레기로 덮인 불단에는 돌아가신 아버지 것으로 보이는 새로운 위패가 모셔져 있었고, 그 옆에 올려놓은 꽃은 완전히 말라 있었다. 아들은 아무 일도 하지 않았는지, 바닥에는 편의점 도시락 용기와 페트병 등의 쓰레기가 50cm 이상이나 쌓여 있어 도대체 어디서 잤는지 짐작이 가지 않을 정도로 어질러져 있었다.

관리회사에 의하면 야반도주한 아들의 나이는 44세라고 했는데, 쓰레기 더미의 맞은편 벽에는 커다란 '모닝구무스메(モーニング娘。: 일본의 국민 아이돌 그룹)' 포스터가 비좁은 듯이 붙어 있었고, 한쪽 모서리에는 만화 캐릭터 모형들이 100개 이상 굴러다니고 있었다.

수도를 사용하려고 해도 커다란 쓰레기 더미가 앞을 가로막고 있고, 천정에 걸어 놓은 줄에는 여자 속옷이 운동회 만국기처럼 걸려 있었다. 이 방의 어디를 둘러봐도 정상적인 것이 없었다. 마치 다른 차원으로 순간이동이라도 한 듯한 감각에 내 머릿속이 이상해지는 것 같았다.

이미 쓰레기 저택은 익숙해져 있고 이 정도로 황폐한 방도 몇 번이나 봐 왔지만, 불단을 본 탓인지 그때는 특별한 서글픔을 감출 수 없었다. 삼 년 전에 돌아가신 모친, 그리고 그 뒤를 따르듯이 돌아가신 부친은 꼼짝도 하지 않고 하루 종일 만화와 모형에

묻혀 사는 자신들의 아들을 보면서 매일 어떤 생각으로 살아가셨을까? 나의 근거 없는 억측일지도 모르지만, 아마도 입이 닳도록 일을 하라고 설득했을 것이다. 하지만 그런 부모의 마음은 마지막까지 전해지지 못했나 보다.

니트(NEET)가 있는 가족의 결말을 보고 있는 기분이었다. 그러나 언제까지 그렇게 감상에 젖어 있을 수는 없는 노릇이다.

"자, 시작할까!" 나는 내 자신과 직원들에게 이렇게 말하고 작업을 시작했다.

작업을 시작하고 두 시간 정도 지났을까? 장롱 문을 막고 있던 쓰레기 더미를 정리하고 안을 보니 하얀 천에 쌓인 함이 두 개 나왔다. 설마 하며 그것을 풀어 보니 역시 그것은 화장(火葬)한 뼈를 담아둔 함이었다. 아직 새것이 하나, 좀 오래된 것이 하나. 그는 부모님의 유골을 매장하지도 않고, 장롱 안에 넣어둔 채로 있었던 것이다. 관리회사 사람에게 인수해 달라고 부탁했지만 거절하기에 어쩔 수 없이 회사로 가져와서 합동공양을 한 뒤 무연고 납골당에 안치해 드렸다.

이제부터는 홈페이지와 팸플릿에도 '유골 사절!'이라고 표시하지 않으면 안 되는 시대가 될지도 모르겠다.

44.
우리가 살인 현장에서
배운 것

━━

하얀 방호복(防護服)은
금방 새빨갛게 물들었다

그 살인 현장은 동경의 오래되고 낡은 주택 밀집 지역에 있었다. 거미줄 미로처럼 깔려 있는, 작은 트럭이나 통과할 수 있을까 싶은 좁은 도로를, 길가에 둔 빨래 건조대와 자전거, 화분 등을 치우면서 겨우 현장에 도착해 시계를 보니 약속 시간까지 1분, 자칫하면 지각할 뻔했다.

그 집의 현관 앞에서 나를 기다리고 있는 유족에게 상황을 대충 듣고, 견적을 내려고 안으로 들어가려고 하자 유족 중 한 분이 미안한 듯이 말했다.

"죄송하지만 우리들은 안에 들어가기가 좀⋯⋯. 여기서 기다리고 있으면 안 되겠습니까?" 이미 예상하고 있었던 말이다. 아무리 가족이라고 해도 고인(故人)이 살해된 그 현장은 보고 싶지 않는 것이 인지상정이다. 나는 "괜찮습니다. 그럼 여기서 조금만 기다려 주십시오."라고 말하고 현관문을 열었다.

안으로 들어가니 바로 오른쪽에 작은 부엌이 있었다. 씻어 놓은 식기, 창가에 놓인 세제와 연마분(물건을 닦는데 쓰는 가루)이 불과 얼마 전까지 여기서 사람이 살았다고 말하고 있는 듯했다. 언뜻 보기에 그곳은 아무것도 변한 것이 없었다.

나도 모르는 사이에 조심스러운 걸음걸이로 다음 공간으로 통하는 유리문을 조용히 열었다.

비린 공기가 순식간에 밀려와서 무의식중에 나는 숨을 멈췄다. 방 안은 말 그대로 피바다였다. 천정, 사방의 벽과 마루, 이불, TV 등 모든 곳에 피가 튄 흔적이 있었다. 사후(死後) 이틀 만에 발견되었다고 하는데 아직 다 마르지 못한 피가 마루 위에서 희미하게 빛나고 있었다.

지금까지 꽤 충격적인 현장을 봐 왔지만 이때는 마치 쇠막대기라도 삼킨 듯이 전신이 굳어 버려 한동안 움직일 수도 없었다. 이전에 산탄총으로 자기 머리를 날려 버린 사람의 방을 정리한 적이 있었지만 그때에 뒤지지 않을 정도로 처참했다. 역시 양복을 입은 채로는 들어갈 수 없겠다고 생각한 나는 일단 되돌아서 나왔다. 유족에게는 어떻게 설명하면 좋을지 궁리하고 있을 때, 조금 전에 내게 말했던 유족이 전과 같은 말투로 미안하다는 듯이 말했다.

"저, 오늘 중으로 어떻게든 인감과 통장을 찾고 싶은데 어떻게 안 되겠습니까? 무리한 부탁을 드려 죄송합니다."

"알겠습니다."

나는 차로 돌아와서 양복을 방호복(防護服)으로 갈아입고 다시 돌아갔다. 피바다에 발을 내디딘 동시에 미끈한 감촉이 발바닥에 전해졌다. 뭐라고 말로 표현할 수 없는 느낌이었지만 이것도 불쌍한 고인의 시신 일부라고 생각하니 기분 나빠할 수만은 없는 일이었다.

어쨌든 인감과 통장 찾는 일, 그것만을 염두에 두고 나는 묵묵히 방 안의 서랍을 열어 찾기 시작했다. 새하얗던 방호복이 반쯤 피로 빨갛게 물들었을 때 겨우 서랍 안의 상자 속에 있던 도장과 통장을 찾는데 성공했다. 내가 피로 물든 방호복 차림으로 눈앞에 나타나자 유족은 아주 많이 놀랐지만, "찾아주셔서 정말 감사합니다." 하며 매우 고마워했다.

다음 날 우리 회사의 스태프가 일을 잘해서 방도 아주 깨끗한 상태가 되었다며 유족으로부터 또 감사와 칭찬을 들었다. 그 일을 끝내고 회사로 돌아온 스태프에게 "아주 힘든 현장이었을 텐데 열심히 해줘서 고맙다."고 말하니 스태프 중 하나가 진지하게 말했다.

"확실히 처음에는 힘들다고 생각했지만 그런 현장은 유족들에게는 절대 무리입니다. 그러니까 우리가 어떻게든 하지 않으면 안 된다는 생각에……."

그 말에 호응하듯이 다른 스태프가 "마지막에 유족들에게 정말로 고맙다는 감사의 말을 들으면서, 이 일의 중요성과 보람을 느꼈습니다. 열심히 하길 잘했습니다." 하고 웃는 얼굴로 말했다.

나는 기뻐서 코끝이 찡해지는 것을 느꼈다. 어떤 일이라도 이 세상에 그 일을 필요로 하는 사람이 있는 이상 그 일에 보람과 만족을 느낄 수 있다는 것을 가르쳐준 일이었다.

45.

얼어 버린 마음과
함께 닫힌 캄캄한 방

—

앉은뱅이책상 위에는 먹다 남은 바싹 마른
빵 조각 하나만이 남아 있었다

장의사로부터 유품정리 소개를 받은 그분은 유족이 아니고, 향년 52세인 고인(故人)이 전에 근무했던 회사의 사장이었다.

"유족으로부터 받은 위임장은 가지고 계십니까?"

나의 질문에 딱 보기에도 작은 공장의 사장님처럼 보이는 분이 시원스런 어조로 대답했다.

"예, 보관하고 있습니다. 아키타(秋田)현에서 모친이 오셔서 장례식에는 참석하셨는데 벌써 80세 가까운 노인이다 보니 제가 대신 뒷정리를 하게 되었습니다."

"고생이 많으시군요."

이렇게 위로하는 나에게 말하기 좋아하는 분인 듯 사장은 이번 사건의 경위를 자세하게 들려주었다. 돌아가신 분은 삼 년 정도 전부터 사장이 경영하는 수도공사에서 근무했는데, 놀랍게도 어느 날 갑자기 회사를 그만두고 싶다고 말하고는 나가서 완전히 소식불통이었다고 한다. 회사를 그만두고부터는 어디에 취직한 것 같지도 않았고, 사장의 연락처도 경찰이 죽은 사람의 수첩에서 발견했다는 것이다.

"조용한 사람이었는데 사람들과의 교류가 전혀 없었던 것 같더 군요. 모친에게도 최근 십 년 동안 전혀 연락이 없었다고 합니다."

"그럼 사장님도 모친에게 연락하기 힘드셨겠군요."

"회사 서류 가운데 오래된 이력서를 찾아 그걸로 겨우 연락 하게 됐지요. 설마 제가 이렇게 뒷일을 처리하게 될 줄은 몰랐지 만, 어쨌든 모친의 연세도 연세고, 건강 상태도 좋지 않다고 하셔 서…….."

멋대로 회사를 그만두고 죽은 옛 직원의 뒤처리를 마다하지 않는 사장의 따뜻한 마음에, 나도 할 수 있는 일이라면 모두 하겠 다고 대답하고는 견적을 내기 위해 회사를 나섰다.

도쿄(東京), 낡은 집들이 늘어서 있는 주택가의 어느 목조 아파 트. 사장은 그 아파트 앞에 서서 내가 도착하는 것을 기다리고 있 었다.

"여깁니다. 남자 혼자 살다 보니 여기저기 더럽습니다. 구두를 신은 채로 들어와도 됩니다."

현관문을 여니 사장님이 말한 대로 방 안은 쓰레기가 흩어져 있어 마루가 보이지 않을 정도였다. 집세도 일 년 동안 체납되어 있었다고 하고, 집주인의 독촉장과 여러 가지 청구서가 현관 안에 겹겹이 쌓여 있었다. 이미 오래 전에 전기와 가스는 끊어졌고 온기가 없는 방 안은 마치 냉장고 같았다. 사후(死後) 며칠이 지나서 발견된 시체는 매우 깨끗한 상태였다고 한다. 앉은뱅이책상 위에는 먹다 남은 바싹 마른 빵 조각이 덩그러니 놓여 있어 돌아가신 분의 고독을 이야기하는 듯 했다.

'난방도, 전기도 없는 방에서 더러운 이불에 둘러싸여 고인은 무슨 생각을 했을까?' 그런 생각을 하니 나는 왠지 가슴이 답답해짐을 느꼈다. 묵묵히 방 안을 둘러보던 사장님이 말했다.

"당장이라도 정리해 주시면 감사하겠지만, 가능하면 저도 입회하고 싶으니 주말에 해주실 수 있을까요?" "예, 괜찮습니다." 하고 대답하니 사장님은 기쁜 듯이 고맙다며 웃고는 나에게 한 가지 주문을 했다.

"신청서에는 내가 사인을 받아 놓을 테니 모친에게는 전화하지 말아 주시겠습니까? 육체적으로나 정신적으로 지쳐 있을 테고, 돈 걱정 시키기에는 너무 안쓰러워서."

"알겠습니다. 연락은 모두 사장님께 하도록 처리해 놓겠습니다."

돌아가신 직원은 십 년 이상이나 사장님의 회사에서 일하고 있었는데 퇴사 후 다른 직원이나 이웃 사람들과도 전혀 접촉을 하지 않았다고 한다. 이런 상태의 사람이 있다는 것을 시청이나 복지사무소 등의 공공기관은 전혀 파악하지 못하고 있었기 때문에, 고인은 사적으로도 공적으로도 완전히 고립무원(孤立無援)의 상태였던 셈이었다.

　물론 공적인 기관에서 52세 중년 남성의 생활 실태까지 잘 파악한다는 것이 힘들다는 것은 알지만, 만일의 경우 편하게 직접 호소할 민원창구 같은 곳은 없을까? 세상과 일절 관계를 맺고 싶지 않다는 정신적인 상황에 빠진 사람이 '편하게 호소할 수 있는' 방법이 무엇인지는 나도 대답할 수 없지만, 비참한 현실이 널려 있다는 것을 세상 사람들이 알고, 행정이 이것을 하나의 사회문제로 인식하지 않는다면 조만간 이런 문제가 표면화될 것임에 틀림없다.

　본인이 한번 스스로 닫아 버린 마음의 문을 타인이 연다는 것이 힘들다는 것은 쉽게 짐작이 간다. 또한 마음을 열면 여는 대로 여러 가지 문제도 분출될 것이다. 하지만 어려워도 어떻게 해서든 다시 사회와 연결시키려는 노력을 하지 않는다면, 이번 경우처럼 '고독사(孤獨死)'라고 하는 슬픈 결과를 맞게 될 것이다.

　마지막으로 고독하게 죽어간 고인이지만 저렇게 온화한 인품의 사장님 밑에서 일할 수 있었던 것은 다행이 아니었을까 생각한다. 분명 고인도 사장님께는 감사하고 있을 것이다. 그렇게 생각하지 않으면 해나갈 수 없는, 그런 생각이 들게 하는 일이었다.

46.
천국으로의 이사를
도와드립니다

가슴 뭉클한 소년의 말

어느 댁에서 유품의 분별 작업을 하고 있을 때의 일이었다.

돌아가신 분은 굉장히 인망(人望)이 두터운 분이었는지 작업 당일에도 많은 분들이 모여서 고인(故人)과의 추억을 이야기하고 있었다. 그러던 중 유품정리를 하고 있는 나에게 고인의 큰며느리가 말을 걸어왔다.

"시아버지는 인정이 넘치는 분이셔서 이웃에서도 이렇게 많은 분들이 와 주셨네요. 저도 정말로 친딸처럼 사랑해 주셨지요."

"그랬군요. 주변의 분위기를 봐도 잘 알 것 같습니다."

"죄송합니다. 정리하시는데 방해가 되죠?"

"그렇지 않습니다." 그것은 겉치레가 아니라 본심이었다.

최근에는 유족의 입회도 없이 담담하게 우리들만 유품정리를 하는 일이 많아서 확실히 작업이 빨리 진행되기는 했지만 어딘가 쓸쓸한 기분이었다. 그렇게 아무도 없는 장소에서 작업하는 것보다 이렇게 가족애(家族愛)와 이웃 사랑, 우정이 충만한 따뜻한 분위기를 느끼면서 일하는 편이 훨씬 보람있었다. 이런 일들을 말하자 부인은 온화한 미소를 지으며 말했다.

"일 년 전에 돌아가시고 지금까지 그대로 놔두었는데, 언제까지나 그대로 둘 수도 없고 그렇다고 해서 저희들이 정리하는 것도 마음에 걸렸습니다. 이렇게 작정을 하고 전문가에게 부탁하지 않으면 영원히 못할 것 같았습니다. 저희들처럼 난처한 분들이 정말 많이 있을 거라고 생각됩니다. 앞으로도 더욱 힘내셔서 많은 분들을 도와주세요."

유품 반출도 거의 끝나고 방 청소를 하고 있자니 아까 그 부인이 초등학교 1, 2학년 정도 되는 남자 아이와 함께 캔 주스를 가지고 왔다.

"수고하십니다. 이거라도 마시고 좀 쉬세요."

나는 스태프들을 모아 놓고, 부인에게 고맙다고 말하고는 잠시 휴식을 취하기로 했다. 다다미 바닥에 앉아 주스를 마시고 있을 때 아까 왔던 남자 아이가 방 안에 들어왔다.

"아저씨들은 뭐 하고 있는 거예요?"

신기하다는 듯이 나를 바라보고 있는 아이에게 아직 '유품정리'라는 말은 어려울 것 같아서 이렇게 대답했다.

"돌아가신 할아버지의 물건을 정리하고 있지."

그러자 "응~." 하고 머리를 끄덕이던 남자아이가 두 눈을 반짝이더니 이렇게 말했다.

"아저씨들은 천국으로 이사하는 것을 도와주고 있구나!"

나는 무심코 "훌륭해! 빙고!" 라고 말할 뻔 했다. 정말로 그 아이가 말한 그대로였다.

유품정리(遺品整理)는 천국으로의 이사를 도와주는 일
합동공양(合同供養)은 살림살이의 장례를 도와주는 일

돌아가신 분뿐만 아니라 그분이 사용했던 물건들과 읽었던 책들, 수집품 등 모든 물건에는 그만큼의 애정과 추억이 깃들어 있다. 요즘 '아깝다'라는 말이 세계적으로 각광을 받는다고 들었지만, '사람의 마음과 물건을 함부로 하지 않는' 마음이 저출산 핵가족화가 진행되는 일본에서 다시 한 번 재인식되어야 하는 시기가 아닐까 라는 생각을 금할 수 없다.

47. 국내사례

꽉 막힌 변기에 대한 의문

———

그럼 막힌 변기에는 누가?

이번 현장은 IT업체가 몰려 있는 지역의 오피스형 주거 건물이었다. 건물들은 고급스러웠지만 복도를 따라 호텔처럼 길게 늘어서 있는 조용한 출입문들은 적막감이 돌았다. 실제로 6시간의 현장 작업 동안 같은 층의 어느 곳에서도 사람의 인기척을 느낄 수 없었다.

현관문을 들어서는 순간 여느 현장과는 다른 냄새가 코를 자극했다. 깨끗이 정리된 거실과 달리 침대가 놓여 있는 안방은 샴푸와 방향제의 자극적인 향이 시취와 혼합되어 있었는데, 뭔가 다른 비릿한 냄새가 감돌았다. 집에서 사망했다고만 할 뿐 사인과 발견 날짜에 대해선 아내인 의뢰인에게서 아무것도 듣지 못한 상태였다.

"직장 때문에 바빠서 유품을 정리할 시간도 없고, 엄두가 안 나서요."

"작업 현장에 입회하실 건가요?"

"아니요, 근무시간이라……."

"특별히 보관하고 싶거나 공양(供養)할 유품이 있습니까?"

"옷은 전부 기증해 주시고 정수기와 비데, 그리고 인터넷 TV 셋톱박스는 임대한 거니 분리만 부탁드려요. 책상 위 손목시계 두 개는 카메라 가방 안에 넣어 그대로 보관해 주세요."

"알겠습니다. 그럼 작업을 진행하도록 하겠습니다."

작업을 위한 통화에서는 약하게 떨리는 목소리가 흘러나왔다.

의뢰인이 말한 책상 위에는 개봉하지 않은 까스명수 한 박스와 쌍화탕 한 박스가 놓여 있었다. 그 옆의 김치 냉장고는 한약 보관함으로 쓰고 있었는지 한약만 가득했고, 붙박이 장롱의 문은 한 짝이 떨어져 있었는데 옷장 안은 젊은 사람들이 선호하는 백화점 브랜드의 남자 옷들이 가득 차 있었다. 미국 NBA 농구를 좋아했는지 자신이 녹화한 듯한 비디오테이프가 진열장 한가득이었다. 안방 침대 위 매트리스는 이미 치워져 있었다. 일부러 떼어 냈을까? 안방의 전등 커버는 벗겨져 있었다. 거실 현관문 앞쪽 상자에는 정리를 하단 만 듯 사과박스 한 개 분량의 쓰레기가 담겨 있었다. 냉장고 안도 깨끗했고 진열장과 책상, 문갑의 서랍까지 정리된 것으로 봐서 누군가 정리를 하다 그만둔 것으로 보였다. 유품 정리를 하는 동안 고인과 관련된 서류나 사진은 어디에도 없었다.

출입문 입구의 굳게 닫힌 화장실 문을 열자 이곳 역시 깨끗했지만 사람 대변 냄새 같은 악취가 진동했다. 의뢰인이 부탁한 대로 임대 장비인 비데를 분리하기 위해 변기 커버를 들어 올린 순간 숨이 막힐 뻔했다. 변기 안은 온통 오물과 대변으로 가득차 있었고, 물을 내리는 순간 변기는 구토를 하듯 넘쳐흘렀다. 장례를 치른 지 보름이 넘었다고 들었지만 변기는 그대로 방치되어 썩어가고 있는 듯했다. 근처 하수구 뚫는 설비업체에 연락할 필요가 있었다.

"변기가 완전히 막혀 다 퍼내야 되겠어요."

설비업체에서 온 사람은 전용도구로 오물을 퍼내고 막힌 곳을 살펴보더니 차에 있는 다른 도구를 가지러 갔다.

"파면 팔수록 거품만 나오는 것이 아무래도 가루세제인 것 같은데요."

"네? 변기에 가루세제요? 그건 녹지 않습니까?"

"이건 일부러 부은 다음에 물을 안 내린 겁니다. 가루세제가 시멘트처럼 딱딱하게 굳어버려서 변기를 통째로 갈아야만 합니다."

"네? 변기를 갈아야 한다고요?"

몇 시간을 변기와 시름했지만 헛수고였고 갈수록 일은 점점 커졌다.

"변기도 고급 자재라서 지금 당장 구할 수는 없을 거 같아요. 일반 변기는 가능하겠지만요."

의뢰인에게 이런 사정을 전화로 연락했더니 마치 알고 있었다는 듯 태연하게 일반 변기로 갈아 달라는 주문이었다. 유품정리와 변기 교체가 동시에 끝날 것 같지 않아 우리가 먼저 현장을 정리하기로 했다. 얼마 후 변기 공사를 담당한 설비업체로부터 전화가 왔는데, 자신도 하도 궁금해 변기를 깨봤더니 가루세제 말고는 아무것도 없었다고 한다.

가루세제를 일부러 부었을까?

그럼 막힌 변기에는 누가 용변을 본 걸까?

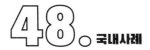

48. 국내사례
셀프 영상카메라

어쩌면 컴퓨터 안의 동영상 폴더도?

병원 장례식장 팀장의 소개로 찾아간 곳은 서른 평 남짓한 복층구
조의 원룸이었다. 대기업 건설회사가 신축한 건물이라 매우 깨끗
했고 언뜻 보기에도 임대료가 제법 나갈 듯했다. 의뢰인은 삼십
대 후반쯤으로 보이는 남성인 고인의 자형이었고 현장에 같이 들
어가기 전까지 안절부절못하는 모습이 역력했다. 문을 열고 들어
가는 순간 시신을 수습할 당시 사용했을 비닐 위로 한 쪽으로 밀
쳐진 카펫에 묻은 혈흔이 보였다. 그러나 의뢰인의 표정과 행동으
로 봐서 고인이 마지막으로 선택한 장소가 화장실이란 걸 직감할
수 있었다. 잠시 멈칫한 의뢰인은 애써 화장실 안을 들여다보지
않으려는 기색이 역력했다. 닫힌 화장실 문을 열자 의뢰인이 왜
그토록 안절부절못했는지 이해가 갔다.

"화장실에서 마지막 선택을 하셨군요."

"네, 처남은 화장실에서……."

문을 열고 머리만 화장실에 넣고 안을 살폈다. 짐작대로 심한 시취가 풍겨 나왔고 문 안쪽의 혈흔으로 봐서 문을 닫고 마지막 길을 떠난 것이 분명했다. 바닥에는 살점으로 보이는 흔적이 하수구 입구를 막고 있었다. 화장실 샤워기에 목을 매달았고 사망 후 가족들에게 발견된 것은 일주일 후였다고 한다.

화장실 문 안쪽의 혈흔을 없애기 위해 스태프 중 한 명이 화장실 문을 닫고 작업을 시작했다. 나머지는 침실로 사용한 이층의 침대부터 들어내기로 했다. 침대 밑은 먼지뭉치 같은 체모가 굴러다니는 것으로 보아 침대를 들여놓은 이후 한 번도 청소를 하지 않은 듯했다. 자세히 들여다보니 각기 다른 사람의 것으로 보였다. 일 층에는 널찍한 소파 앞으로 텔레비전이 벽에 붙어 있었고, 책상 위 컴퓨터를 따라 그 옆에 놓여 있는 낡은 캠코더가 현장을 정리하는 우리를 찍고 있는 듯했다. 혹시 있을지 모를 유언을 찾기 위해 컴퓨터 폴더를 열었지만 유언은 남겨져 있지 않았다. 폴더 안은 성인물만 가득 했다.

고인의 이름으로 보이는 쓰다만 명함을 보니 그동안 직업을 많이 바꿨다는 것을 알 수 있었다. 혼자 생활한 사람이라 생각보다 살림살이가 많지는 않았지만 영상 촬영이 취미인 듯 캠코더 주위로 직접 녹화하고 제작한 것으로 보이는 테이프와 CD가 여러 장이었고, CD케이스에는 'ㅇㅇ과의 사랑이야기'라는 이름의 라벨이 붙여진 것도 있었다. 캠코더에는 찍다 만 듯한 테이프가 감겨 있었다. 남겨진 충전기로 전원을 켜는 순간 민망한 영상이 재생되었다.

캠코더에서 온몸에 문신을 한 고인과 얼굴을 확연히 알 수 있을 듯한 여성이 알몸과 성기를 드러낸 채 성관계를 하고 있는 장면이 흘러나왔다. 나머지 테이프를 빠른 속도로 돌려 보니 모두 비슷했고, 특이하게도 각 테이프마다 고인과 함께 있는 여성의 얼굴이 다 달랐다.

'어쩌면 컴퓨터 안의 동영상 폴더도?'

취미라고 하기엔 너무 고약한 것 같았다. 현장 유품정리가 다 되어 갈쯤 의뢰인이 입회를 위해 들어오기에 조금 전 본 것을 조심스레 전했다.

"정리한 유품 중에 세상에 밝혀지면 안 될 것들이 포함되어 있습니다. 유출될 경우 고인의 명예와 관계인들의 피해가 걱정스럽습니다만."

"뭔지 짐작이 갑니다. 알아서 폐기해 주세요. 더 이상 처남 일은 이야기하고 싶지 않습니다."

의뢰를 했던 고인의 자형이 자신의 아내와 하는 전화 통화를 들으니 그가 성도착증이 있었다는 것을 알 수 있었다. 일본에서 다량의 성인 비디오테이프와 사진, 책 등의 음란물을 수집하는 성도착증에 대해 본 적은 있었지만 셀프 영상은 미처 생각하지 못했었다.

기술이 발달하고 시대가 변하면서 취미로 자신의 영상을 손쉽

게 제작할 수 있는 기술이 보편화되었다. 그러나 이런 취미의 영
상물이 자칫 다른 목적으로 범죄에 악용되어 타인에게 공개된다
면 자신과 함께한 사람들에게 많은 피해가 되지 않을까?

49. 국내사례
신문기사 주인공의
유품정리

메모 수첩에는 매일의 수입과 줄을 그은 후
써놓은 깨알 같은 숫자들이 가득했다

얼마 전 신문에 '성매매 수출 세계적 망신'이란 제목의 기사가 나
왔다. 부산지방경찰청에서 사채업자들이 갖고 있던 컴퓨터 파일
을 입수했는데 사채업자로부터 돈을 빌린 여성들이 유흥업소에
서 일하며 심지어 해외 원정 성매매를 하러 다녀온 사실이 드러났
다는 것이다. 이 기사에 따르면 부산에서 삼십 대 중반의 유흥업
소 여성이 빚에 허덕이다 자살하는 사건이 발생했는데 경찰 조사
에서 이 여성은 일본에 11번이나 해외 원정 성매매를 하러 다녀온
것으로 나타났고 경찰 관계자는 '해외 원정 성매매는 사채업자들
과 연결된 경우가 많다'고 전했다.

　의뢰인은 기사에 나왔던 여성의 여동생이었다. 복도식 아파트
11층 엘리베이터 바로 옆집이 현장이었는데, 신문 기사 주인공의

유품정리를 맡게 될 것이라고는 상상하지도 못 했다.

"직장 때문에 서울로 올라가야 해서 빨리 정리를 부탁드릴게요. 컴퓨터와 모니터는 제 차로 가지고 가고 남동생 집으로 보낼 것이 몇 가지 있는데 부탁드리겠습니다. 정리가 끝나는 대로 대금은 은행으로 송금하겠습니다."

의뢰인은 간단한 요구사항을 제외하고는 도시가스, 아파트 관리비 정산 등 모든 일을 우리에게 일임한 채 현관 비밀번호를 알려주고는 서둘러 서울로 향했다. 고인에 대한 이야기를 하고 싶지 않을 것이란 생각은 했지만 너무 빨리 현장을 빠져나가는 듯한 느낌에 뭔가 사연이 있겠다는 생각이 들었다.

전용 옷장으로 쓰는 작은 방이 하나 딸린 집에는 거실 겸 침실로 쓰는 방이 하나 있었다. 침대 없는 매트리스 앞의 재떨이에는 고인이 마지막을 선택하기 전 피웠을 담배꽁초가 가득 담겨 있었고, 식탁 위 쟁반에는 100원짜리 동전과 함께 일본 동전 몇 개가 뒹굴고 있었다. 부엌 싱크대 장에는 개봉하지 않은 스파게티 면과 소스가 몇 개씩 쌓여 있었다. 옷장으로 쓰던 방을 정리하던 스태프가 박스 하나를 내밀며 물었다.

"사장님 이거 일본에서 온 소포 박스인데요. 주소와 이름을 보니 본인이 본인에게 부친 것 같아요."

"그러네, 뭐 들고 오려니 무거워서 그랬던 거 아닐까? 박스를 한 번 열어봐. 뭐가 들었는지."

일본어로 인쇄된 박스 안에는 평상복으로 입기에는 민망한 야

한 의상과 속옷 몇 벌, 뜨다 만 퀼트 십자수 재료와 성인용품이 들어 있었다. 또 같이 들어 있던 메모 수첩에는 매일 매일의 수입과 줄을 그은 후 써놓은 깨알 같은 숫자들이 가득했다.

"아, 사채!"

수첩을 보던 스태프와 내가 동시에 짧은 한 마디를 뱉으며 놀란 듯이 서로를 쳐다보았다. 얼마 전 읽었던 기사를 보니 사채업자들이 여성들을 해외에 내보내는 방식은 '인력시장'을 연상시킬 정도였다. 기사에 따르면 어느 봄날 부산 광안리의 한 커피숍에 사채업자 4명이 마주 앉았다고 한다. 이들은 성매매 여성 A씨를 일본에 원정 성매매를 보내는 문제를 놓고 서로 다투기 시작했다. A씨는 이들 사채업자 모두에게 돈을 빌린 상태였고, 사채업자들은 서로 자신이 돈을 많이 빌려줬으니 A를 일본에 보내야 하는 건 나라며 다퉜다. 이후 A씨는 이들 사채업자 중 한 명의 알선으로 일본에서 원정 성매매를 하고 다시 한국에 돌아왔다가 현재 다시 일본에 나가 있는 상태다.

수사 관계자들은 "유흥업소 여성들은 보통 처음에 방값 등으로 200~500만 원씩 사채를 쓰는데 이 돈이 2~3년이 지나면 2000~3000만 원으로 늘어난다."며 "이렇게 빚 때문에 억울하게 해외 원정 성매매를 나가는 여성들도 상당수인 것으로 보인다."고 말했다.

각자 개인의 사정에 따라 은행이나 카드 등의 금융기관에서 빌린 대출금을 갚지 못하는 경우가 종종 발생한다. 연체가 시작되고 금융기관으로부터 연락을 한두 번 받게 되면 마음이 다급해지기 마련이다. 이럴 때 인터넷이나 생활정보지에 실린 '연체 대납'이라는 광고문구가 눈에 확 들어오고 손쉽게 사채로 연결되는 경우가 많다. 그러나 사채는 해결방안이 될 수 없다. 이미 제도권 금융을 벗어나 불법 사금융과의 거래가 시작되었다면 스스로의 힘으로만 해결하기는 거의 불가능하다. 이럴 때는 주위에 자신의 상황을 숨김없이 알려야만 도움을 받을 수 있다. 감당하기 힘든 일을 해결하려고 쉬운 길을 택한다면 자신도 모르는 사이에 늪에 빠져 헤어나지 못할 것이다.

50. 국내사례
쓸쓸한 작업실

━━

그래? 농사짓는 우리네와는
다른 사람이었잖아

서울에 살고 있는 큰사위인 의뢰인이 전화로 불러준 주소를 따라 찾
아간 현장은 삼십여 가구가 있는 과수원 아래 시골마을이었다. 팽이
버섯, 수박으로 유명한 지역이라 밭을 따라 옹기종기 집들이 있고
바쁘게 농사일을 하는 사람들 외에는 지나가는 행인이 없어 낯선 곳
에 오래된 당산나무만 반겨주는 듯했다. 무더위에 땀을 너무 흘린
것도 있었지만 시골이라 주소만으로 현장을 찾기가 무척 힘들었다.
마을회관과 작은 교회 주위 동네 주민들에게 번지수와 고인의 이름
으로 물어도 쉽게 찾을 수 없다가 마침 경운기를 타고 일터로 나가
는 할아버지 한 분으로부터 어렵게 집을 찾을 수 있었다.

　"할아버지 말씀 좀 묻겠습니다. 저 ○○번지 김 아무개 씨 댁
을 찾고 있는데요."

"아, 그 개집? 우리 마을 사람들은 그곳을 개집이라 불러. 그 교수인가 하는 사람?"

할아버지는 고인에 대해 그다지 관심이 없는 듯했다. 싸리나무 담벼락을 따라 오 미터쯤 내려가자 곧 쓰러질 듯한 슬레이트 지붕의 낡은 건물이 보였다. 무엇인가 태우다 만 흔적이 있는 넓은 마당을 중심으로 동서남북으로 지어진 네 동의 옛 건축물에는 잡초가 무성했고 수돗가 옆의 자두나무는 빨간 열매를 맺고 있었다. 원래는 축사로 사용하던 건축물을 미술가가 작업실로 사용하기 위해 들어와 스스로 개축해 살았다고 한다. 서쪽과 북쪽의 낡은 옛집은 헛간과 창고로 사용했지만 변변한 잠금장치도 없었다. 동쪽으로 주거를 위한 낡은 가옥이 하나 있었고, 남쪽 건축물은 면적이 꽤 넓은 가건물 형태로 작업실로 사용했다. 그는 미술 분야에 명망이 꽤 높아 지역대학교의 교수로 겸직하면서 자신의 창작 활동을 했었다.

고인은 작품 활동을 위해 낯선 이곳에 들어온 탓에 동네 주민들과의 교류는 전혀 없었고 작업실 옆 텃밭을 가꾸며 혼자 생활을 했었다. 사인은 농촌지역에서 주로 발생하는 털 진드기 유충이 사람의 피부를 물어 생긴다는 쯔쯔가무시 병이었다. 가끔씩 강의를 위해 대학을 오가는 것 외엔 가족들과 떨어져 작품 활동을 해왔기에 고인이 병에 걸려 앓고 있다는 걸 아는 사람은 아무도 없었다. 고령자의 사망률이 높은 이 병은 잠복기를 지나 오열과 두통, 근육통이 있었을 것이고 일반 몸살감기로 알았을 고인은 치료시기를 놓쳤던 것이다.

의뢰인은 고인이 사용했던 이 공간의 필요성이 더 이상 없어졌으니 고인의 유작과 유품만 정리한 후 쯔쯔가무시 병이 남아 있을지 모를 건물 네 동을 모두 철거해 달라고 했다. 철거를 위한 견적과 건축물 대장을 열람해 권리분석에 들어갔다. 알아보니 이 집은 원래 축사였다가 잡종지로 지목변경을 했고 소유관계도 복잡했다. 마당 위쪽 팔십 평은 등기부상 고인의 명의였으나 남쪽의 꽤 넓은 공간인 작업실은 소유자가 다른 사람인 땅 위에 지은 후 이를 임의로 사용하고 있었다. 십 년 이상 같이 생활한 동네 사람들도 밭이 포함된 이 권리관계에 대해 아는 사람이 없었으며, 어떻게 건축되었고 사용되었는지 모른다는 것이었다. 거기에 오래된 기와와 슬레이트 지붕으로 지은 집이라 석면철거에 따른 절차를 밟으면 철거지 땅을 팔아도 충당할 수 없을 정도의 비용이 발생한다. 결국 누군가 그 땅이 필요해 용도에 맞는 주인이 나올 때까지 그대로 두기로 하고, 고인의 유작과 유품만 정리하기로 일단락 지었다.

철길 건널목 차단기처럼 만든 허술한 대문 앞에 세워진 예쁜 우체통에는 우편물이 한가득 담겨 있었다. 그러나 밖에서 훤히 내다보이는 이 차단기 대문을 넘어온 사람은 없었고 마지막 도움이 필요한 순간조차도 고인이 혼자 힘겹게 앓아누워 있었을 것이란 생각에 무거운 마음이 들었다.

"그 교수인가 하는 사람이 일 년 전에 죽었다네."

"그래? 농사짓는 우리네와는 다른 사람이었잖아."

"누구? 그 개집에 살던 사람?"

"저 사람들이 아들들인가 봐."

마을회관과 근처 작은 교회를 내려오는 길에 옹기종기 모여 있는 할머니들이 지나가는 우리를 보며 수군거리는 소리가 들렸다. 매일 생활하는 공간에서 동네 사람들과 인사라도 하고 지냈다면 좋았을 것을 쯔쯔가무시 병보다 무서운 쓸쓸한 무관심이 등 뒤로 쏘는 듯했다.

51. 국내사례

한 달 남은 이사

이사 온 지 한 달밖에 안 되었는데
또 이사를 가는군

이번 현장은 변두리 낡은 맨션의 4층 중 2층으로 스무 평이 안 되는 육십 대 중반의 남성 집이었다. 이중문으로 된 냉장고 옆면에 붙어 있는 A4 용지에는 방학을 맞은 초등학생 의 생활수칙처럼 고인이 반드시 지켜야 할 몇 가지가 적혀 있었다. 식사 후 반드시 약 챙겨 먹기, 모과차 마시기, 절대 감기 조심하기 등 자녀 중 누군가가 부모의 건강이 걱정되어 적어 놓은 글귀였다. 방안 여기저기서 발견된 약 봉투 그리고 문갑 위에 놓인 여러 종류의 물약으로 봐서 기관지나 호흡기 쪽에 문제가 있던 것 같았다.

낡고 오래된 집이었지만 장롱과 전자제품이 새것인 것을 보니 그곳에서 오래 살지는 않았다는 것을 짐작하게 했다. 고인의 깔끔한 성격은 정리 정돈된 집안 가재도구와 진열장 안의 담금 술을 통해 알 수 있었다. 고인의 아들인 의뢰인이 유품분배를 위해 배송할 곳의 주소와 배송 물품을 꼼꼼히 체크했다.

"김치냉장고와 세탁기는 OO시 누나 집으로 배송해 주세요. 그리고 TV, 냉장고와 장롱, 제기, 병풍은 저희 집으로 배송 부탁드립니다."

"배송지에는 엘리베이터가 있나요?"

"네, 있어요. 엘리베이터로 간단한 화물은 옮길 수 있습니다."

후덥지근한 여름 날씨에 날씨마저 흐려 온몸이 땀으로 젖어들었다. 스태프들 모두가 힘겨워 하는 모습이 역력해 에어컨을 틀어야겠다는 생각에 스위치를 켰지만 낡은 에어컨은 돌아가지 않았다. 아마 고인은 여름이 오기 전에 에어컨 점검할 겨를이 없었던가 보다. 주방 쪽에서 정리를 하던 한 스태프의 외마디 탄식에 얼른 달려가 봤더니 냉장고 안에 꽉 차있는 묵은 김치가 보였다. 여덟 개의 통 앞에는 한 달 전부터 삼 년 전까지 김치를 담근 날짜가 꼼꼼히 적힌 메모지가 붙어 있었다. 버리기에는 너무 아까웠지만 음식물 쓰레기로 처리하기에도 그 양이 너무 많아 난감했다. 결국 김치를 그대로 음식물 쓰레기로 처리할 수 없어 비디오테이프를 거꾸로 되돌리는 것처럼 김장을 거꾸로 했다. 통에서 한 포기 한 포기 꺼낸 후 흐르는 수돗물에 양념을 씻어 내고, 소쿠리 위에 얹혀 물기를 짰다. 온 집안이 김치 냄새로 가득했고, 고인이 언젠가 다시 쓰려고 메모지까지 붙여 깔끔하게 정리한 공구와 나들이 용품만이 주인을 잃은 슬픔을 말하고 있는 듯했다.

2층이었지만 입구가 좁아 사다리차를 이용해 베란다로 유품을 반출하기로 했다. 장시간의 사다리차 운행에 따른 소음과 무더운 여름의 불쾌지수로 앞집에 피해가 될까봐 조심스러웠는데, 때마침 앞집 사람이 천국으로의 이사 장면을 보러 나왔다.

"이사 온 지 한 달밖에 안 되었는데 또 이사를 가는군."

"네? 한 달밖에 안 됐다고요?"

"그럼, 이 할아버지 넓은 집에 살다가 여기 이사 온 지 한 달밖에 안됐지."

"나이도 엇비슷해서 친구 하나 생기나 했는데 오자마자 병원으로 가서 얼굴도 제대로 못 봤어. 부동산업자 말로는 아들이 큰 집은 관리비도 많이 나오고 하니깐 그 집을 팔고 평수를 줄이는 게 좋겠다고 해서 월세로 들어왔다고 하더군."

전자제품과 장롱이 대부분 새것이었던 이유를 그제야 알 수 있었다. 유품정리가 다 되어 갈 무렵 유품배송을 담당한 스태프로부터 전화가 걸려왔다.

"사장님 장롱은 옮겼는데 장롱을 연결하는 자바라가 너무 길어 엘리베이터에 안 들어갑니다. 그렇다고 이것 때문에 사다리차를 부를 수도 없고 어떡하죠?"

"그럼 21층인데 어떻게 해? 그냥 사다리차를 불러요."

배송에 엘리베이터를 이용하면 된다는 의뢰인의 말에 배송지의 사다리차 비용은 산정하지 않은 상태였다.

"저희들이 알아서 하겠습니다."

나중에 알아보니 두 사람이 계단으로 21층까지 옮겼다고 한다.

부모님 중 혼자 살고 계시는 집이 많이 있다. 자녀가 분가하기 전까지는 가족이라는 이름으로 같이 살았던 본가이다. 부모 사망 후 발생할 상속 문제 등 여러 가지 권리관계에 미리 대비하는 자녀들이 많이 있다. 그러나 변화에 적응하는 데 시간이 걸리는 분들의 의사를 좀 더 헤아리는 지혜가 필요하지 않을까?

52. 국내사례

혼자가 된 재혼

박스 안에 덩그러니 남은 고인의 달력은
6개월 전을 가리키고 있었다

이번 유품정리 의뢰인은 집주인이었다. 놀이터 옆에 차량이 한 대 지나갈 만한 골목 양편으로 똑같이 생긴 임대전용 건물들이 나란히 있었다. 3층 건물 8세대의 임대전용 주택 중 반지하층의 오른쪽 열두 평 남짓한 집이었다. 혼자 생활하던 83세 할머니가 사망 후 보름이 지나 발견되었고 자녀들이 장례를 거부했기 때문에 교회의 지인들이 장례식을 치렀다고 집주인은 전했다. 나란히 있는 옆집 출입구도 사람이 살지 않는 듯했는데, 이번 일로 이런 저런 사정을 들며 이사를 갔다는 것이다.

고인은 자기 소생의 자녀는 없었고 본처와 사별한 할아버지와 삼십 년을 같이 살았다. 할아버지의 자녀들은 모두 결혼해 분가를 했고, 할아버지가 살아 있을 때만 하더라도 가족으로 서로 왕래하며 행복한 나날을 보냈다고 한다. 할아버지가 먼저 세상을 뜨자 할아버지의 자녀들은 할머니와의 관계가 소홀해져 서로 왕래도 없어졌고 급기야 할머니가 혼자 세상을 떠날 때까지 아무도 곁에서 지켜주지 않았다. 그런데 장례를 치른 교회사람 중 하나가 자신들이 고인의 장례를 치렀으니 상속인이나 다름없다며 집주인에게 세간의 정리를 할 테니 남아있는 임대보증금을 정산하여 돌려달라는 청구를 했다는 것이다. 심지어 고인의 유품 가운데 인감도장을 찾아내 위임장을 임의로 만들어 마치 고인이 사망하기 전 자신들에게 임대보증금을 돌려받을 수 있는 권리를 위임한 것처럼 위조까지 했다고 한다. 고인이 사망한 지 6개월이 지날 동안 임대료는 보증금에서 공제되고 있었고, 겨울을 지나는 동안 사용하지 않은 보일러는 동파로 인해 고장이 난 상태였다.

"임대업으로 먹고 살지만 생각하지도 못한 일이 일어나서, 여기저기 찾아가 질문도 많이 했지만 전문적으로 이 문제를 해결할 곳을 찾지 못해 고민입니다."

집주인은 몇 개월 동안 이 문제를 원만하게 풀지 못해 보증금과 비용의 문제에 대해 적잖이 고민한 모습이었다. 더 우스운 사실은 장례식을 거부한 할아버지 본처 소생의 자녀들의 연락처를 알려달라고 하자 교회 지인들이 쉬쉬한다는 것이었다. 또 비어 있는 고인의 집뿐만 아니라 옆집도 계약기간이 남았는데도 불구하고 이사를 가버렸고 나머지 임차인들도 이번 문제로 소란이 일어나자 점차 불만이 쌓여 이사를 갈까 두렵다는 것이 집주인의 솔직한 심정이었다.

"그냥 교회 사람들에게 임차보증금을 돌려줄까 생각도 했어요. 마치 내가 남은 임차보증금을 착복하기라도 하는 사람처럼 취급받는 게 싫어서. 그런데 가만 생각해 보니 지급했다가 장례를 거부한 자녀들이 나타나 임차보증금을 돌려달라고 하면 어떻게 할지 걱정이더라고요."

"네, 잘하셨습니다. 임차보증금은 교회 지인들의 권리가 아닙니다."

집주인의 걱정과 궁금증은 이어졌다.

"겨울철 동파로 인한 보일러 수리비와 살림살이 정리 비용은 누가 부담하는 건가요?"

"네, 상세히 설명해 드리겠습니다."

임차보증금과 보일러 수리비 그리고 유품정리비의 정산과 처리 방법에 관해 상담한 후 고인의 집을 정리하기 위해 닫힌 현관문을 열고 들어가 보니 누군가의 욕심이 그대로 반영된, 정리 목적이 아닌 광경이 눈에 띄었다. 오래된 냉장고며 장롱, 침대 등 처분할 때 비용이 들어가는 것들만 남겨둔 채 조금이라도 돈이 될 만한 것들은 모두 가져간 상태였다.

"해도 너무 하네."

짧은 탄식이 나도 모르게 흘러나왔다. 많은 유품정리 현장을 경험하면서 사람들의 욕심을 볼 수 있었지만 얼마 되지 않는 돈을 위해 한 사람의 일생이 담긴 소중한 유품을 이렇게 함부로 다뤄도 될까 하는 아쉬움마저 들었다. 고인의 세례명이 쓰인 교회 감사장과 성경책, 손자들과 환하게 웃으며 찍은 사진, 그 속의 주인공들이 할아버지와 단란한 가족을 이뤘던 순간을 보여주었다.

현장 정리를 끝낸 후 언젠가 자녀들이 나타나 임차보증금을 돌려 달라고 하면 어떻게 해야 할지 대비책을 알려주자 집주인은 몇 번이나 고맙다며 인사를 했다. 유품을 정리한 박스 안에 덩그러니 남은 고인의 달력은 6개월 전을 가리키고 있었다.

53. 국내사례

3년간의 유품정리

그 양반 혼자 살면서 거의 매일
종량제 쓰레기봉투에 뭘 담아 내놓더군

낮은 언덕 아래 자리한 낡은 아파트는 전망이 꽤 좋은 편이었다. 6공 정부의 주택 백만 호 건설 정책 때 건축했을 것으로 보이는 이 아파트는 꽤 대단지 형태였다. 스무 평 정도 되는 현장에서 만나기로 한 의뢰인은 고인의 아들이었다. 금요일이라 차는 그다지 밀리지 않았지만 서울에서 지금 내려오는 길이라 약속한 두 시까지 도착하기 어렵다며 양해를 전해왔다. 먼저 도착해 시간이 좀 여유가 있었기 때문에 미리 둘러볼 생각으로 현장 주위를 살펴보며 시간을 보냈다.

"죄송합니다. 두 시까지 약속했는데 장시간 차를 운전해 오느라고 좀 늦었습니다."

"괜찮습니다."

표준어를 쓰는 사십 대 회사원 차림의 의뢰인은 단정한 사람이었고, 사람을 대하는 태도 또한 상대방을 배려하는 것을 느낄 수 있었다.

"장례를 치르느라 이번 주 내내 휴가를 냈습니다. 이렇게 시간을 내서 내려오는 것이 여의치 않은데 일요일인 모레까지 정리가 가능할까요?"

"내일이 토요일이라 현장 여건과 저희들 일정을 보면 월요일 이후에나 가능하겠지만 사정이 그러시다니 내일 당장 정리할 수 있도록 스케줄 조정을 해보도록 하겠습니다."

"꼭 좀 부탁드립니다. 월요일부터 출근하려면 모레까지는 서울로 올라가야만 해서요."

"낯선 곳이라 아는 사람도 없고 혼자 어떻게 처리해야 할지 막막했는데 이런 서비스 업체가 있어서 다행입니다. 오늘은 시간적 여유도 있으니 아버지 유품을 저도 같이 정리하고 싶습니다. 제 승용차로 가져갈 것들은 미리 제가 챙겨 놓도록 하겠습니다."

아들의 말에 의하면 원래 부모님도 서울에서 함께 살고 있었는데 고인의 사업차 몇 년 전에 지방인 이곳으로 두 분만 이사를 왔다고 한다. 그러나 낯선 곳에서의 사업은 생각보다 잘 되지 않았고 급기야 삼 년 전 어머니가 먼저 세상을 떠났다. 어머니의 장례식 후 이곳에서의 생활을 정리하고 서울에서 같이 생활하자고 여러 번 제의했지만 고인은 혼자 생활하는 것이 편하다며 거절했고 계속해서 이곳에서 생활해 왔다는 것이다.

옷장을 정리하던 중 왼쪽은 예비군 마크가, 오른쪽은 빨간 명찰이 붙은 해병대 군복이 있었는데, 해병대 상사 ○○○ 이름의 감사장이 침대 옆 협탁 위에 놓여 있었다. 정리정돈된 집안의 모습은 군인 출신임을 증명하는 듯했다. 플라스틱 서랍장 안의 종량제 쓰레기봉투가 크기대로 접혀 있어 봉투 판매상이 아닐까 하는 착각을 일으키기도 했다. 여느 정리 현장과 다른 것은 주방에 고인의 아내가 사용했을 만한 그릇이며 주방용품이 없다는 점이었다. 또 부부가 같이 생활했던 집이라고는 볼 수 없을 정도로 여자옷이며 이불, 베개 등이 하나도 남아 있지 않았다.

"어제 제가 먼저 아버지 유품을 정리했는데 이미 아버지가 돌아가실 것을 느끼셨는지 버릴 것이 별로 없더군요. 아마 어머니가 돌아가시고 나서 아버지는 3년간 어머니의 유품과 흔적을 정리하면서 많이 외로워하셨나 봅니다. 이럴 줄 알았으면 우겨서라도 같이 생활하는 편이 나았을 것을요."

천국으로의 이사가 조금 소란스러웠던지 앞집의 노부부 내외가 현장을 정리하는 모습을 쳐다보며 뒤에서 이렇게 말했다.

"그 양반 혼자 살면서 거의 매일 종량제 쓰레기봉투에 뭘 담아 내놓더군. 살림살이를 거의 다 버릴 셈이냐고 물어본 적도 있어. 부부가 같이 살고 있을 때는 어울려 저녁도 같이 먹곤 했는데 혼자되고 나서는 도통 말수가 줄어버렸으니……."

"아들이 왔으면 서울로 올라가기 전에 우리 집에서 밥이라도 먹고 가라고 전해줘요. 이렇게 정리하고 떠나면 이제 언제 다시 만나겠어."

　주방 쪽에 놓여 있는 쌀독 항아리에는 삼분의 일 정도의 쌀이
남아 있었다. 그 앞으로 박스 채로 놓여 있는 페트병에 담긴 5리터
대용량 소주병은 두 개가 비어 있었고, 개봉하지 않은 네 개가 주
인을 기다리고 있었다. 유품정리가 끝난 후 현장에서 다시 만난 아
들에게 앞집 부부의 말을 전하며 열쇠를 전달하는 것으로 우리의
임무를 마무리 지었다.

54. 국내사례

유품정리 좀 더 기다려 주세요

—

유품정리는 돌아가신 다음 일!

밤새 내린 눈 탓에 차가 움직일 수 없어 전철로 찾아간 곳은 4층 건물이었다. 일 층은 이 지역에서 꽤 유명한 음식점이라 점심시간이 지났는데도 밖에서 줄을 서서 순서를 기다리고 있었다. 음식점 옆쪽으로 나있는 계단을 따라 올라간 4층에는 전화로 견적을 의뢰했던 둘째며느리가 기다리고 있었다. 열쇠로 문을 열고 안으로 들어가니 육십 평 정도의 넓은 집이 깔끔하게 정리되어 있었다.

"신문 기사를 보고 전화 드렸습니다. 지난달에 시어머니 장례를 치렀습니다. 애들 아빠도 빨리 정리했으면 하고 저도 그러는 편이 좋을 거 같아서요."

"그런데 남편께서 둘째 아들이라면 시아주버님과 상의는 다 하셨습니까?"

"시아주버님도 동의하셨습니다. 물론 두 분의 고모들도 모두 동의하셨고요."

"네, 그렇군요."

"저희들이 시아버지 옷은 따로 정리하겠습니다."

"네? 시어머니 혼자 살다 돌아가신 게 아닌가요?"

"시아버지는 요양병원에서 생활하고 있어요."

팔십이 넘은 이 집의 주인 할아버지는 치매로 일 년 전부터 요양병원에서 생활하게 되었다. 할머니가 집과 병원을 오가며 할아버지 간병을 했고, 나머지 가족들은 가끔씩 병원으로 부모를 찾아왔다고 한다. 집에 다녀온다고 한 후 몇 일간 연락이 안 되자 병원에 들른 작은 아들 부부가 할머니 집을 찾아왔는데 이미 할머니는 사망한 채 이틀이 지난 후였다고 했다.

생각하지도 못한 할머니의 사망은 아주 추운 겨울 갑작스런 심장마비가 원인이었고 할아버지는 자기 아내의 사망 소식을 아직 모르고 있다고 했다. 할아버지 건강에 대해서만 걱정하고 있던 가족들은 할머니의 갑작스런 죽음을 받아들이기 어려웠고, 할머니의 유품을 정리하면서 이 집도 함께 처분하고 싶다고 전했다. 할아버지가 다시 이 집에 돌아오기는 힘들다는 것이 이유였다.

기업의 목적이 이윤 추구인지라 매출을 생각하면 당연히 받아들여야겠지만 엄연히 주인이 살아 있는 상태라 일단 견적을 의뢰한 며느리를 설득해 보기로 했다.

"지금 유품정리를 하는 것보다는 할아버지가 돌아가시고 난

다음에 하는 것이 어떻겠습니까? 할아버지는 아내가 이 세상에서 사라졌다는 것도 감당하기 어려울 텐데 자기 집마저 없어졌다는 걸 알면 너무 서운해 하실 것 같아서요. 게다가 그 일을 제가 처리하려니 왠지 할아버지께 죄를 짓는 것 같습니다."

"저희는 지금 정리하고 싶은데요. 그럼 동서랑 형님과 좀 더 상의를 해보겠습니다."

노부부 두 사람이 함께 생활하다 배우자 중 한 사람이 먼저 세상을 떠난 후 유품정리를 하는 경우가 종종 있다. 남아있는 한 사람의 건강상태가 좋지 않아 스스로 배우자의 유품을 정리할 수 없는 경우도 있다. 한평생을 같이 살아온 자신의 반쪽을 잃은 슬픔에 손때 묻은 유품 하나하나 추억이 깃들어 있어 정리할 수 없는 경우라면 더욱 세심한 주의가 필요하다. 그러나 이번 경우처럼 자신의 몸도 스스로 감당할 수 없고, 어떤 판단도 할 수 없는 상태라면 어느 입장에 서야할지 난감하다.

아들과 딸, 그리고 며느리와 사위. 각자의 입장에 따라 조금씩 차이가 있기 때문에 자칫 잘못하면 유품정리 때문에 남아 있는 사람들의 관계가 나빠질 수도 있다. 어머니의 임종을 지켜보지 못한 것만으로도 서로 잘잘못을 따질 수 있는 상황에서 이 집마저 정리해 버리면 일 년 후 할머니 제사를 어디서 지내야 할지도 논란의 대상이 되겠구나 하는 생각도 들었다. 가족들이 시간 여유를 가지고 좀 더 사려 깊게 협의한 후 다시 연락하기로 하고 사무실로 발걸음을 옮겼다. 전철은 많은 사람들로 발 디딜 틈이 없었다.

며칠 후 사무실 전화벨이 울렸다. 전화를 받은 스태프가 연락처와 의뢰인의 이름을 적은 메모지를 건네주며 한 마디 붙였다.

"할아버지 돌아가신 다음에 유품을 정리하기로 결정했답니다. 그리고 상담 정말 감사했었다고 반드시 전해 달라고 하네요."

55. 국내사례

이상한 생전예약

상대방은 미리 죽을 날짜를 알고 있는
사람 같았다

색 바랜 노란색 은행나무의 잎이 바람에 나뒹구는 어느 날 나이가 오십이라고 밝힌 한 남성으로부터 전화가 왔다. 그 남성의 목소리는 조금 떨리고 있었다.

"저기, 신문기사에서 봤습니다. 혼자 사는 사람들의 유품을 정리하는 곳이죠."

"네, 그렇습니다만."

"내가 혼자 살고 있는데 사후처리에 대해 미리 예약도 받아주나요?"

"상담은 해드릴 테니 찾아뵙도록 하겠습니다."

"집까지 찾아올 필요는 없고 제가 사무실로 가겠습니다."

10년 전 일본에서 최초로 전문화된 유품정리회사인 키퍼스는 유품정리의 생전예약 서비스를 하고 있다. 생전예약을 했던 사람이 사망한 후 미리 계약한 내용에 따라 유품을 정리하는 사례가 점차 늘어나고 있는 추세이긴 하다.

우리나라에서 일본과 동일한 서비스 내용으로 삼 년간 유품정리 서비스를 해왔지만 실제로 유품정리의 생전예약에 대한 문의를 받은 것은 처음이라 당황스럽기도 했고, 한편으론 현실은 문화와 인간관계의 흐름을 거슬러 갈 수는 없다는 생각도 들었다.

"자식은 있지만 더 이상 그들과 관계하고 싶지 않습니다. 내가 현재 뇌경색으로 병원에 입원중이라 할 수 있을 때 미리 신청하려고 하는 겁니다."

사람은 태어나면 반드시 죽는다. 빈부의 차나 사회적 지위 고하를 불문하고 아무도 비껴갈 수 없는 일이다. 과학이 아무리 발달한다고 해도 사람이 죽음을 피해가도록 할 수는 없다. 인생은 '한 치 앞을 모를 일'이라 내일 무슨 일이 일어날지 알 수 없기에 생전예약과 같은 안심서비스가 생겨나게 되었다. 유품정리의 생전예약은 상대방의 걱정에 대한 안심이 첫 번째 목적이기 때문에 조심스레 질문을 듣고 있었다.

"상조를 가입했는데 장례식까지 치러주는 거죠? 임대보증금이 있으니 월세는 공제하면 되는데 죽은 후에 이것저것 정리를 생각하니 걱정되는 부분이 한두 가지가 아닙니다."

오십의 나이에 생전예약을 한다는 것이 처음부터 조금 이상한 느낌은 들었지만 이야기를 이어가다 보니 상대방은 미리 죽을 날짜를 정한 사람처럼 요목조목 요구사항들을 나열하고 있었다. 자신의 채무에 대한 부분, 밀린 월세와 임대보증금의 상계, 자녀들에 피해가 가지 않도록 하는 방법 등 구체적인 계획을 준비 중인 모양이 이상하다 싶었다.

'혹시 자살을 생각하고?' 유품정리 현장 가운데 자살 현장만큼 다시 하고 싶지 않은 경험은 없을 것이다. 상담 후 전화도 더 이상 없었고 사무실로 찾아오지도 않았지만 어떻게 지내고 있을지에 대한 염려는 떨쳐 버릴 수가 없었다.

고독사 방지를 위해 제작된 DVD를 일본 키퍼스로부터 지원받아 많은 비용을 들여 번역과 성우의 더빙 작업까지 마친 후 필요한 곳에 무료로 배포해왔다. 고독사 방지 홍보나 생전예약 같은 서비스들이 우리나라에서도 자신의 죽음에 대해 좀 더 차분하게 생각할 수 있는 계기가 되었으면 한다.

56. 국내사례

이유 없는 죄책감

—

그곳으로부터의 전화는 반갑지 않았다

언제부터 그랬는지 모르지만 원룸 현장이라는 전화는 그다지 반갑지 않은 것이 되었다. 전화만으로도 상황을 가늠할 수 있기 때문이다. 의뢰를 받고 찾아간 곳은 시내 한 가운데 있는 주상 복합형의 원룸이었다. 엘리베이터를 타고 올라간 12층은 현관문이 열려져 있었다. 순간적으로 감도는 익숙한 시취가 미리 예견한 상황을 확인이라도 시켜주듯 코끝을 자극했다. 고인의 어머니와 동생, 그리고 동생 친구가 분주히 물건을 꺼내 놓고 있었다.

베란다 쪽은 장롱 안에서 꺼내 놓은 여자 옷들이 세탁공장의 세탁물 더미처럼 수북이 쌓여 있었다. 이번 의뢰인은 고인의 남동생이었다.

"20일 전에 장례를 치렀습니다. 한동안 전화를 받지 않아 찾아왔더니 그만……."

"젊은 분인데 지병이라도?"

"아뇨, 누나는 자살했습니다."

예상한 대로 이십대 후반 여성의 자살 현장이었다. 대체로 원룸에서의 전화는 스스로 목숨을 끊은 현장이 대부분이라 사무실을 나올 때부터 짐작은 했었다.

"내일 바로 정리해 주세요."

고인의 어머니는 퉁명스러웠고, 우리가 무슨 잘못을 한 것도 없는데 선생님 앞에서 꾸지람을 받는 아이처럼 괜스레 주눅이 들었다.

다음날 현장 유품정리는 아침 일찍부터 진행되었다. 주상복합 건물이라 화물 엘리베이터 사용 시간이 정해져 있어 연신 바쁘게 움직일 수밖에 없었다. 베란다에 산처럼 쌓인 옷부터 박스에 담았는데 한 박스, 두 박스, 열 박스가 넘어가자 고인이 마지막으로 선택한 곳에서의 흔적이 나타났다. 가족들이 자살 현장을 덮기 위해 일부러 그곳에 옷을 쌓아둔 것이었다. 집안이 어느 정도 정리가 되어갈 무렵 넥타이도 하지 않은 와이셔츠 차림의 한 남자가 신발을 신은 채 성질을 부리며 들어왔다.

"도대체 이 집에서 자살한 것을 광고라도 할 작정이요?"

"유품정리 회사 차를 가져왔으면 사람들한테 보이지 않도록 뒤쪽으로 주차해야 할 것 아니요."

막무가내 큰소리로 화를 내는 탓에 현장을 정리하던 스태프들 모두 얼음처럼 몸이 굳었다.

"고인과 어떤 관계이신가요?"

"내가 이 집 주인이요. 여기서 자살한 것을 알면 누가 이 집에 살려고 하겠어요?"

"죄송합니다. 차를 건물 뒤쪽으로 옮기도록 하겠습니다."

이 집과 연관된 사람들은 모두 무례하다는 공통점이 있나 보다. 잠시 후 어제 퉁명스럽게 우리를 대했던 고인의 어머니가 전화로 호통을 쳤다.

"왜 트럭을 건물 출입구에 세워서 집주인을 화나게 만들어요?"

아마도 집주인이 자신의 불만을 유가족에게 그대로 전달했는지 아무 이유 없이 피해자가 된 집주인 앞에서 죄인이 된 유가족과 현장을 처리하고 있는 우리까지 덩달아 날벼락을 맞았다. 현장 정리가 끝나갈 무렵 의뢰를 했던 고인의 남동생이 쭈뼛거리며 들어왔다.

"수고하셨습니다. 베란다에서 혹시 놀라지는 않으셨는지."

"굳이 그렇게 안하셔도 될 일을 하셨더군요."

"죄송합니다. 처음이라 너무 당황하고 어떻게 처리할지 몰라서."

"그보다 집주인이 다녀갔습니다. 화가 많이 났던데 만나셨습니까?"

"어머니가 만났습니다. 누나가 죽은 것도 힘들어 하는 어머니를 집주인이 너무 심하게 대하네요."

사람은 언젠가는 죽는다. 죽으면 끝이라고 생각하겠지만 죽음은 끝이 아니다. 어떠한 이유에서든 힘든 순간을 참지 못하고 스스로 목숨을 끊는 경우는 더욱 그렇다. 순간적인 잘못된 선택으로 이유 없이 고통 받게 되는 이들은 항상 가장 가까운 사람들이다. 또 정작 당사자들은 없고 관계인들이 고인의 행동에 대한 뒤처리로 곤혹을 치른다. 남겨진 사람들 가슴에 못을 박기도 하고 채무로 인한 문제라면 상속인의 순서에 따라 한정 상속을 해야 하는 경우도 발생한다. 돌아오는 차 안에서 땀범벅이 된 스태프가 한마디 건넸다.

"오늘 왜 우리가 죄인이 되어야 했을까요? 그리고 왜 흔적을 숨기려고만 했을까요?"

"그러게, 나도 잘 모르겠어."

돌아오는 도로가 주차장처럼 꽉 막혀 있었다.

57. 국내사례

오십대 후반 남성의
고독사

아내의 퉁명스러운 말투가 고인의 생전
됨됨이를 알려 주는 듯했다

반대편에서 마주 오는 사람의 어깨가 닿을 듯 좁은 골목길을 따라 들어간 곳은 부엌이 달린 방 한 칸, 58세 남성이 혼자 살던 곳이었다. 오래전부터 재개발지역으로 지정된 마을이라 주민들 대부분은 이사가 끝났지만 여기저기 널려 있는 빨래를 보니 몇 세대는 그대로 남아 계속 주거하고 있다는 걸 증명하는 듯했다. 방안은 살찐 구더기가 가득했고 빈 소주병이 흐트러져 나뒹굴고 있었다. 현장은 라면 박스 5개 분량의 옷과 이불을 제외하면 고인이 생활하면서 버리지 않은 편의점 도시락 빈껍데기와 빈 병들이 유품보다 더 많았다. 차마 주방이라고 할 수 없을, 조리도구조차 보기 힘든 낡은 싱크대에는 숟가락과 젓가락만 있을 뿐 이었다. 양은 냄비는 언제 썼는지 곰팡이가 피어 있었고 담배꽁초가 수북이 쌓여 있는 밥그릇은 재떨이로 사용한 것이 분명했다.

사람이 살았던 공간은 분명했지만 자기도 맨발로 밟기 싫었는지 현관부터 방 안쪽까지 징검다리처럼 종이가 놓여 있었다. 고립된 삶을 살았던 고인에게 생의 마지막 순간까지 연락을 취한 곳은 채권추심 기관이었다. 우편함에는 신용카드사와 각종 금융기관 같은 데서 보내온 독촉장이 가득 쌓여 있었다. 아마 고인이 사망한 후에도 '긴급송달', '긴급통보' 같은 도장이 찍힌 우편물이 꾸준히 배달되고 있었나 보다. 이십대 후반으로 보이는 딸과 고인의 아내로 보이는 두 사람이 현장에 남겨진 서류를 확인하러 나타났다.

"채무도 상속된다고 해서 우편물 확인 때문에 왔어요. 더 이상의 물건들은 꼴도 보기 싫습니다. 우편물만 아니었다면 여기 찾아오지도 않았을 거예요. 경찰들이 신원을 확인하던 날 밤에 엄마와 저는 형체도 알 수 없는 얼굴을 보고 충격을 받았거든요."

딸의 이야기가 끝나자마자 옆에 있던 고인의 아내가 말을 이어갔다.

"살아있을 때도 가끔씩 나타나 돈 달라 떼쓰며 우리를 괴롭히더니 죽어서도 이렇게 피해를 주네요. 젊어서부터 늘 오십이 되면 죽을 거라고 입버릇처럼 하더니 마지막까지 처참한 모습으로 나타났어요. 스무 살 어린 나이에 저 인간을 만나 이 아이를 가진 후 지금까지 악연이었는데 이제야 끝나나 봅니다. 죄송합니다만 저희들은 서류 때문에 왔으니 저 인간 남동생한테 연락해서 알아서 처리하세요."

너무나 퉁명스러운 말투에 고인의 살았을 때 두 사람이 얼마나 고통스러웠는지 짐작이 갔다. 이 남성의 죽음은 택시 운전을 하던 고인의 남동생이 한 달째 연락이 닿지 않자 경찰에 신고한 결과 발견되었다. 안으로 잠긴 문을 열고 들어간 경찰서 지구대원들은 이불 위에 구부정하게 누워 있는 남성의 모습을 보았다고 한다. 시신은 심하게 부패되어 시취(屍臭)가 죽음을 알리고 있었지만 이런 일이 일어나고 있다는 것을 아무도 모르고 있었다. 사건을 담당한 형사는 혼자 생활하던 고인이 술로 인한 뇌경색으로 밤사이 숨을 거두었고, 뒤늦게 발견된 심장마비로 인한 자연사로 결론을 지었다고 했다.

고인은 10년 전부터 카메라와 전축에 빠져 별다른 직업 없이 지냈고 이혼서류도 정리하지 않은 채 집에도 들어오지 않았다고 한다. 그 후로 혼자 지내며 주변과의 교류도 거의 없었던 것으로 보였다. 바로 옆집에 사는 주민은 집 밖으로 나오는 모습을 거의 본 적이 없고 누군가 그 집을 방문한 적도 없었다고 했다. 재개발촌의 서로 같은 처지였지만 그 또한 이 남성과 대화를 나눠본 적이 없었던 것 같다.

최근 혼자 죽음을 맞이하고 사후 일정한 시간이 지난 뒤에야 발견되는 '쓸쓸한 죽음'이 늘고 있다. 일본에서는 몇 년 전 NHK에서 무연사회가 방영된 이후 사회문제로 대두되었지만 아직 국내에서는 이 '쓸쓸한 죽음'에 대한 논의가 적은 편이다. 별도의 관련 통계가 분류되어 있지도 않다. 그나마 '노인층 고독사'를 중심으로 해법을 찾자는 이야기가 나오는 정도로, 배우자와 사별 혹은 이혼한 채 자식과 떨어져 사는 노인이 갑작스러운 충격이나 만성적인 지병에 대처하지 못하고 자연사해 뒤늦게 백골로 발견되는 사례 등이 연이어 알려졌기 때문이다. 국회와 보건복지부에서도 노인 고독사를 막기 위한 논의와 노인 돌봄 서비스, 유케어 (U-Care) 서비스 등 다양한 사업을 벌이고 있다. 그러나 만 65세 이하는 국가가 보호해야 할 대상으로 지정된 층이 아니어서 관리의 사각지대에 놓여 있다. 사오십 대에서 경기 불황과 비정규직 심화 등으로 혼자 사는 사람들이 늘어나고 있지만 그에 걸맞은 사회안전망이 마련되지 않는다면 사회문제가 될 가능성이 커진다.

고독사는 당사자에게도 안타까운 일이지만 세입자가 고독사할 경우 집주인이 날벼락을 맞게 된다. 재산상 손실을 피할 수 없기 때문이다. 발견이 늦어져 시신이 부패하기라도 하면 집을 전면 수리해야 하고, 임대료도 뚝 떨어진다. 일본에서는 요즘 집주인의 이 같은 고충을 반영한 보험 상품까지 나와 인기를 끌고 있다. 옆나라 이야기로만 보기엔 편치 않은 게 사실이다.

58.
오타쿠의 최후

아무도 없는 공간에서 혼자 캐릭터와
함께 울고 웃으며 감정을 표현하다

일본에서 유품정리 업무를 연수받기 위해 오사카까지 동행한 직원을 혼자 도쿄행 고속버스에 태워 준 탓에 밤새 잠을 한숨도 잘수 없었다. 오사카에서 도쿄까지 심야고속버스를 타고 가야 하는 여정은 한차례 환승이 필요하여 두 달가량 일본어를 배운 직원이 잘 찾아갈 수 있을지 걱정이 이만저만 아니었다. 밤 10시에 출발한 심야고속버스의 도착 예정 시간은 새벽 6시였다. 면적만 하더라도 서울의 세 배가 넘는 도쿄에서 자칫 차를 잘못 갈아타면 엉뚱한 곳으로 가기 때문에 도착 전화가 걸려 올 때까지 잠시도 긴장을 멈출 수 없었다. 이른 새벽 무사히 도착했다는 연락을 받고서야 안도의 한숨을 내쉬며 잠시 눈을 붙였다. 그런데 잠시 후 밖에서 숙소 방문을 두드리는 소리가 들렸다. 요시다(吉田)였다.

"김 군, 이제 출발할까? 교토까지 가야 해."

"네, 알겠습니다."

요시다와 함께 도착한 현장은 교토타워에서 가까운 지역에 있는 10층짜리 맨션 건물이었다. 건물에는 현관 입구부터 보안장치가 설치되어 있어 내부로 들어서는 순간 나도 모르게 정숙을 유지해야 할 것 같았다. 회사 유니폼을 입은 작업자들이 들어오는 모습을 좁은 창문 사이로 지켜보던 경비원은 밖으로 나와 당부 사항을 설명하고 있었다. 나머지 스태프들이 트럭에서 장비와 소모품을 옮기는 동안 나는 요시다를 따라 현장이 있는 8층으로 올라갔다.

문 앞에는 고인의 누나와 자형이 열쇠를 들고 기다리고 있었다. 현관 입구에 들어서자 왼쪽으로 화장실 문이 있고, 싱크대가 놓여 있는 좁은 복도를 지나 맞은편에는 반투명 유리로 된 욕실 문이 보였다. 옆으로 문을 열어제친 요시다는 욕실 바닥에 놓인 양철 화덕 손잡이를 들어 나에게 건넸다. 그의 행동은 잠시의 머뭇거림도 없이 능수능란했다.

"김 군, 이것을 밖으로 좀 내어 주게."

"네!"

밤새 잠을 못 잤던 탓일까? 나는 다 타버린 번개탄을 쳐다보고 '욕실에 왜 이런 것을 넣어 놓았을까?' 생각하며 엉겁결에 받아 들고는 밖으로 내놓았다.

그 순간 정신이 번쩍 들었다.

'아! 일산화탄소…….'

고인은 욕실에서 번개탄을 피워 스스로 마지막을 선택했다.

좁은 욕실이라 한 사람이 제대로 누울 수도 없는 공간. 고인은 욕조에서 움츠린 채 물에 잠겨 발견되었다고 한다.

곧바로 요시다는 욕실 옆 안방으로 들어갔다. 그의 뒤를 따라 들어간 나는 너무 놀라 입을 다물 수 없었다.

신문기사에서 글자로만 봤던 오타쿠의 집이었다.

한국에서 유품정리를 해보겠다고 한 나에게 요시다는 사망 유형별로 연수를 시키고 있던 터라, 그가 왜 나를 교토 현장으로 불렀는지 이해할 수 있을 것 같았다.

마흔 살의 고인은 혼자 생활한 탓인지 방 안에는 특유의 남자 냄새로 가득했다.

방 한가운데 놓여 있는 커다란 텔레비전은 모니터 역할을 하고, 그 옆으로 컴퓨터 두 대와 DVD 플레이어가 두 대, 오래된 비디오기가 한 대 놓여 있었다.

부엌과 공간을 분리하기 위해 만들어진 인테리어 선반을 애니메이션 캐릭터의 피규어가 가득 메우고 있었고, 피규어 뒤로 진열된 만화책과 DVD 케이스는 진열장이 모자라 바닥까지 쌓아 놓고 있었다. 자세히 보니 만화책과 DVD 표지 모두 같은 캐릭터가 인쇄되어 있었다.

일인용 침대가 놓여 있는 한쪽 구석. 침대 위에 있는 이불이나 베개, 방석, 수건 등 모든 물건도 조금 전 봤던 피규어와 같은 캐릭터가 인쇄된 연한 핑크 계통 색상을 띠고 있었다. 벽에는 프린

트한 것으로 보이는 캐릭터 사진과 그 옆의 브로마이드, 창문을 가리고 있는 블라인드까지 모두 캐릭터 상품이 걸려 있어 일부러 벽지를 가리고 있는 것 같았다.

언젠가 텔레비전에서 애니메이션 캐릭터가 그려진 끌어안고 잘 수 있는 등신대 베개를 들고 나와 "이 캐릭터와 혼인하고 싶다."라고 말하는 출연자를 본 적이 있는데, 고인도 마치 이렇게 말하고 있는 것 같았다.

머릿속에서 매뉴얼이 작동하고 있는 듯 요시다의 행동은 잠시도 머뭇거림이 없었다. 그는 방 안에 있는 컴퓨터를 켜고 있었다. 나는 그가 하는 동작을 지켜보며, 분주히 움직이는 마우스 커서를 따라 눈을 움직였다. 컴퓨터에는 고인이 다운로드한 수십 개의 애니메이션 영상이 담긴 폴더가 있었고, 요시다가 영상 한 개를 실행하자 텔레비전에서 캐릭터가 움직이기 시작했다. 다른 사람들이 분주히 일하는 동안 나는 처음 본 애니메이션 장면에 자꾸만 시선이 끌리고 있었다. 그런데 영상을 계속 쳐다보니 눈을 뗄 수 없을 정도로 흥미로운 이야기가 전개되었다.

영상은 스토리가 재미있고 대사도 훌륭했다. 상황에 맞는 대사는 지루할 틈이 없었다. 또 동료가 잡혔을 때 서로를 도와주거나 적을 잡고 위험 요소를 알려주는 등 어느 것 하나 놓칠 수 없는 장면 일색이었다. 현장이 소란한데도 아랑곳하지 않고 큰 화면으로 캐릭터 움직임을 따라가다 보니 나도 모르게 캐릭터의 마력에 빠져드는 것 같았다. 마치 환상 속에 빠져들었다고나 할까? 캐릭터는 분명 살아 움직이고 있었다. 아무도 없는 공간에서 고인은 혼자 캐릭터와 함께 울고 웃으며 자신의 감정을 표현하고 있었던 것 같았다.

사람은 자기 마음대로 생각할 수 있다. 마음대로 상상할 수 있고, 상상 속에서 자신을 움직일 수도 있다. 그러나 현실로 돌아오면 곧바로 상상은 날아가 버린다는 것을 깨닫는다. 신기루 같은 시간이겠지만, 만일 그것을 통제하지 못하고 지속적으로 그 속에 빠져 있다면 매우 위험하겠다고 생각했다. 요시다가 방 안에서 왜 영상을 틀어 나에게 보여주려 했는지 시간이 한참 지나서야 알 수 있게 되었다.

엄청난 양의 캐릭터 상품과 달리 방 안에 걸려 있는 옷은 몇 벌 되지 않아 보였다. 이상하다 싶어 고인의 옷과 이불을 정리하기 위해 침대가 막고 있던 장롱 문을 여는 순간 나는 짧은 탄성을 내지르고 말았다.

"앗!"

지금까지 방 안에서 내가 봤던 캐릭터 상품은 비교할 수 없을 만큼 많은 물건이 뜯지도 않은 채 장롱 속에 가득 들어 있었다. 그것은 종류와 개수가 너무 많아 마치 애니메이션 전문점에 들어온 것 같은 착각을 불러일으켰다.

이 광경을 목격한 고인의 누나는 흐느끼며 말했다.

"동생은 삼십대 초반까지 착실히 직장에 잘 다녔는데, 어느 순간 회사를 그만두었어요. 그리고 그때부터 나에게 돈을 조금씩 달라고 하더군요. 부모님이 모두 돌아가시고 피붙이라고는 동생밖에 없어 해달라는 대로 다 해줬는데, 점점 요구 사항이 많아 나도 감당할 수 없었어요. 그래서 동생 생각을 바꿔보려고 부탁을 단호히 거절했더니 자살하고 말았어요. 동생이 오사카에서 도쿄의 아키하바라까지 고속버스를 타고 자주 다녀온다는 것은 알고 있었지만, 이 정도까지 심할 줄은 상상도 못했네요. 진작 여기에 한번 와 봤더라면 동생을 데리고 정신과 상담이라도 받았을 텐데……."

야노경제연구소가 발표한 '2015 오타쿠 시장조사' 최신 보고서를 인용한 『마이니치신문』 보도에 따르면, 15세 이상 69세 이하 남녀 9,862명 중 자신을 '오타쿠'라고 자처한 비율은 2,170명으로 나타났다. 이것은 대상자의 약 22%에 해당한다. 조사 대상자 다섯 명 중 한 명이 자신을 '오타쿠'라고 한 것으로 조사 대상에 포함하지 않은 사람 수를 참작한다면 비율은 이보다 훨씬 높다. 상위 19개 항목의 시장 규모는 약 5조 원에 달한다고 현지 애널리스트들이 전했다.

'오타쿠'란 남의 집이나 가정을 높인 말로 일본인이 상대에게 사용하는 존대어이며, 다른 의미로는 '어느 하나에 몰두하며 사물에 깊은 관심과 지식이 있는 사람'을 뜻한다. 하지만 이런 좋은 의미의 '오타쿠'가 점차 부정적인 면이 부각되면서 사회 문제로까지 대두되었다. 나도 교토의 현장을 목격하지 않았더라면 오타쿠를 아키하바라에 있는 피규어나 캐릭터를 좋아하는 사람 정도의 막연한 개념으로 이해했을 것이다. 한국에서는 '오타쿠' 대신 '덕후'라는 용어를 사용한다. 그리고 최근 관련 산업의 시장 규모는 점점 커지고 있다. 한국의 '덕후' 문제가 일본의 '오타쿠'처럼 부작용을 낳기 전에 사회적으로 관심이 필요하지 않을까?

59. 국내사례

떠나지 못한 여행

＿

혈기 왕성하고 꿈도 많았던 26세 청년,
그는 왜 스스로 생을 마감했을까?

아무리 직업으로 유품정리를 하는 사람이라도 현장에서 만났던
고인을 떠올려 다시 기억해 내는 것은 무척 어려운 일이다. 특히
자연사가 아니라 안타까운 죽음이라는 생각이 들 때면, 직업인으
로서 냉철한 판단보다 감정에 쉽게 휩쓸리는 것은 나도 어쩔 수
없다. 계속해서 이런 감정이 생기면 현장을 담담하게 바라보지 못
하고, 유족과 같은 평범한 감정에 이끌려 작업할 수 없는 지경에
이를 때도 있다.

이번에 의뢰를 받아 정리한 현장은 26세의 남자 대학생이 살
던 곳이었다. 혈기 왕성하고 꿈도 많았던 청년. 그는 세 평 남짓
한 좁디좁은 고시텔에서 짧은 인생을 스스로 마감했다. 방 안 구
석에 유리로 칸막이 쳐진 공간, 샤워기에 목을 매단 채 죽어 있는

서울의 어느 사립대학 공대생을 처음으로 발견한 사람은 집주인이었다.

같은 모양의 방문이 양쪽으로 가지런히 달려 있는 3층에서 첫 번째가 고인의 방이었다. 대학교 주변 고시텔이고 평일 낮 시간대라서 학생들은 아무도 보이지 않았다.

한쪽 벽면에 놓여 있는 건조대에는 빨래가 널려 있고, 새로 산 듯 바퀴 달린 여행 가방은 손잡이가 위로 올라와 있어 어디론가 떠날 준비를 끝낸 것처럼 보였다. 유품정리를 한다며 고시텔 방 안에 들어왔지만, 물건이 놓여 있는 상태로 봐서는 당장이라도 주인이 들어와 자기 방에서 뭐하느냐며 항의할 것만 같았다.

책상 위에 놓여 있는 다이어리를 훑어보고 노트북을 켜 단서를 찾았지만, 컴퓨터 폴더 어디에도 유서가 될 만한 내용은 남아 있지 않았다. 아마 인터넷이라는 가상 공간 속 어디엔가 자신의 심경을 담은 내용이 있을 법한데, 아이디와 패스워드를 알 수 없으니 그저 답답할 노릇이었다. 유품정리를 하는 내내 아무리 둘러봐도 이 방의 주인이 왜 사망했는지 이유를 찾을 수 없었다.

국가고시 문제집이 꽂혀 있는 책장에는 인터넷으로 구매한 단백질 보충제가 두 통, 그 가운데 한 통은 절반이 비어 있었다.

'헬스프로틴을 먹을 정도면 자신의 몸 관리를 잘 한 사람인데 왜…….'

대부분의 자살 현장에는 어떤 징조가 발견되는 데 반해, 화장실에서 목을 매 스스로 생을 마감했음에도 도무지 이유를 알 수 없다니. 게다가 이제 곧 죽을 사람이 건강 관리를 위해 헬스프로 틴을 먹었다는 점과 자신의 빨래를 해놓았다는 것은 쉽게 납득할 수 없는 부분이었다. 아무리 생각해 봐도 자신이 죽을 것을 미리 예측한 사람이 이런 행동을 했다는 것을 논리적으로 설명할 수 없 으니 사망의 원인이 의아할 따름이었다.

장롱 안에는 고인의 이름이 박힌 명찰을 단 해병대 군복이 걸 려 있고, 예비군 훈련을 막 끝냈는지 입구에는 흙 묻은 군화가 가 지런히 놓여 있었다. 해병대의 힘든 훈련을 견딜 정도라면 웬만큼 어려운 일도 극복할 수 있었을 텐데 무엇이 그가 스스로 생을 마 감하게 만들었던 것일까?

한참 현장을 정리하다 바깥에 주차된 트럭에 실려 있던 귀중 품 보관 상자를 가지러 다녀 온 사이 중년의 낯선 남자가 방 안을 이리저리 훑어보고 있었다.

"누구세요?"

"사건을 담당한 형사입니다."

"네? 아직 사건 종결이 안 됐나요?"

"아뇨. 사건은 종결했는데 이 학생이 자살할 만한 동기가 없어 너무 이상해 마지막으로 한 번 더 보러 왔습니다."

"그렇죠? 사실 저도……."

사건을 담당한 형사도 이번 사건이 도저히 이해되지 않았는지 현장을 다시 찾아온 것이었다. 나는 유품을 정리하다 말고 담당 형사와 한참 동안 얘기를 나누었지만, 두 사람 모두 풀리지 않는 궁금증만 더할 뿐이었다.

좁은 방 안 바닥에 놓여 있는 즉석 밥과 컵라면, 몇 개의 김과 참치 캔 하나. 유품정리를 하며 보게 된 지금 대학생들의 생활은 살기 위해 안간힘을 쓰고 있는 느낌이었다. 한참 활기차게 젊음을 만끽할 나이에 각자 자신의 공간에서 조용히 혼자 숨죽여 살아야 하다니 어쩌면 외로움을 기본적으로 안고 살아야 하는 것은 아닐까. 게다가 뭔지 모르는 압박에 눌려 자신이 하지 않으면 안 되는 무엇을 위해 참고 견디면서 혼자 감당해야 한다고 느끼고 있는 것 같았다. 무엇이 이처럼 고인을 힘들게 해서 짧은 인생을 마감하게 했는지 모르지만, 몇 상자 안 되는 그의 유품을 정리하다 보니 기성세대로서 미안한 마음마저 들었다.

살다 보면 죽고 싶을 때가 너무나 많다. 가만히 기다리면 죽기 싫어도 언젠가는 죽는다. 그런데 기다리다 보면 점점 죽기 싫어진다. 그것이 인생이다. 하지만 그것을 모르고 도전에 쉽게 성공해 버리는 것이 자살이다. 자신의 생명을 스스로 결정하겠다는데, 아무도 그것에 간섭할 수는 없다. 그렇지만 단 한 번으로 돌이킬 수 없는 결과를 낳는다는 것을 반드시 알았으면 좋겠다.

나는 작업이 끝났는데도 한동안 고시텔을 떠날 수 없었다. 다시 이 공간에 들어올 누군가가 걱정스러워 텅 빈 방 안에 쪼그리고 앉아 천장에 달린 형광등을 핑계로 따끔거리는 눈물을 훔치고 있었다.

60. 국내사례

썩어 버린 발가락

"나 아니었으면 할아버지 고독사할 뻔했어요."
카레가루 봉지를 본 탓에 별로 대꾸하고 싶지 않았다

전쟁 때 피난민이 밀려들어 급속히 인구가 유입된 항구 도시, 군수 물자의 이동, 외국과 교역으로 발달한 부두, 빠르게 진행된 산업화는 도시를 단번에 팽창시켰다. 일손이 모자라 일자리는 풍족했고, 아침에 눈을 떠 밖으로 나가면 언제든지 일할 수 있었다. 한참 세월은 흘렀고 사람들의 모습은 변했지만 마을은 흑백 사진처럼 옛 모습을 그대로 간직하고 있었다. 그러나 이런 대도시는 반세기 만에 도심의 중심축이 변하고 말았다. 이전에는 논밭이던 지역을 개발하면서 한 동네가 같은 모양의 이층집으로 군락을 이루었다. 그 가운데 한 집. 대문 앞 첫 번째 집이 고인이 혼자 살던 집이었다. 다락이 딸린 방에 싱크대 없는 작은 부엌, 굳이 밥을 해먹는 일이 없다면 혼자 살기에는 넉넉한 공간이었다. 계단 밑

화장실은 공용으로 사용해 불편하지만, 수도꼭지를 틀면 물이 시원하게 나오는 장점도 있었다. 집주인들이 목돈으로 건축비를 충당한 탓인지 계약 기간 동안 전세 보증금만 걸면 아무런 간섭 없이 살 수 있는 곳이었다.

의뢰를 한 사람은 고인의 아들이었다. 그는 전세계약서를 찾고 있었다.

"아무리 찾아도 계약서가 없습니다. 혹시 찾을 수 있을까요?"

"글쎄요. 좀 더 찾아보시겠습니까?"

고인의 네 아들 중 막내아들인 의뢰인은 아버지의 방 안에서 도저히 찾을 수 없는 전세계약서 탓에 우리에게 연락을 한 것이라고 말했다. 누렇게 변색된 담요 한 장, 그 아래 전기장판은 껍질을 벗겨 놓은 듯 비닐 속살을 그대로 드러내고 있었다. 방 안에서 가장 넓은 자리를 차지하는 것은 전기 코드 뽑힌 냉장고였다. 한쪽 구석에는 고인의 유일한 친구였던 낡은 브라운관 텔레비전이 놓여 있고, 반쯤 따르고 남은 전기 포트의 물은 퀴퀴한 곰팡이 냄새를 풍겼다.

특별히 유품을 정리한다기보다 폐기물 철거에 가까운 곳이라 전세계약서를 찾는다는 사연만 없다면 곧바로 현장을 떠나고 싶었다. 이런 유형의 의뢰는 우리에게 도움을 청하기보다 폐기물 업체의 도움을 받는 편이 더 나을 것 같았다. 사실 나는 현장 상황보다 이렇게 될 때까지 자신의 아버지를 방치한 아들이 비위에 거슬렸다. 어차피 일부러 시간을 내 현장을 방문한 것이다. 최선을 다

하는 편이 그래도 기분이 덜 언짢을 것 같았다.

고인의 아들은 정리가 끝나면 휴대전화로 연락해 달라는 짧은 말을 남긴 채 사라졌다. 나는 신발을 벗고 들어가 먼저 다락으로 올라갔다. 앉아 있어도 머리가 닿을 것 같은 높이의 다락에는 대부분 쓰레기로 분류해도 될 것들로 가득했다. 모두 밖으로 끄집어 내 재활용 분류만 하면 간단히 정리할 수 있을 듯했다. 다음은 방 안에 있는 것들로 냉장고를 열어 보니 식당에서 사용하는 큰 봉지의 카레가루가 두 봉지 들어 있었다. 한 봉지는 아직 뜯지 않은 채로 말이다.

갑자기 뭔가 울컥하는 마음이 들었다. 고인들이 남긴 특정 유형의 물건을 보면 그들의 상황을 곧바로 알아차릴 수 있다.

혼자 사는 노인 사이에서 카레가루는 가장 빨리 요리할 수 있는 간편식 가운데 하나이다. 물을 끓여 컵에 따른 후 휘휘 저어 흰밥 위에 붓기만 하면 3분 요리처럼 한 끼를 때울 수 있다. 유품정리 현장에서 간혹 발견하는 컵라면과 카레가루를 보면 이것들이 현대사회의 노령화를 대변하는 것 같아 가슴이 아프다.

나이가 많은 노인의 유품을 정리하다 보면 종종 베개 속이나 이불 커버 속에서 귀중품을 발견한다. 일일이 벗겨서 확인해야 하지만, 담요 한 장이 전부인 고인의 이불 속에서 전세계약서를 찾는 것은 나조차 뾰족한 수가 없었다. 아무런 기대 없이 전기장판과 그 아래 깔린 장판을 들춰 봤지만, 역시 아무것도 찾을 수 없었다.

작은 마당으로 끄집어 낸 것들을 쪼그리고 앉아 재활용을 위해 하나씩 분류하는 모습을 보고 있는 사람은 역시 혼자 살고 있는 오십대의 옆방 남자였다. 그는 내가 하는 행동을 바라보며 자신이 다쳐서 일용직 일을 못 갔던 날 상황을 설명했다.

"하루는 할아버지가 화장실에 가는데 발을 절고 있는 거예요. 자세히 보니 구겨 신은 운동화 사이로 발이 퉁퉁 불어 있었어요. 그래서 물어보니 지난번 겨울에 동상이 걸렸는데 그 후로 발이 계속 아팠다는 거예요. 신을 벗겨 보니 발이 썩어 가고 있었어요. 깜짝 놀란 내가 할아버지한테 아들 전화번호를 물어보니 처음에는 안 가르쳐 주려고 하더군요. 억지로 물어 알아내서는 아들에게 연락했죠. 연락받은 아들이 와서 병원에 모시고 갔는데, 그만 일주일 만에 사망했어요. 나 아니었으면 할아버지 고독사할 뻔했어요."

카레가루 봉지를 본 탓일까. 나는 별로 대꾸할 생각이 없었다. 그러면서도 옆집 남자가 얘기한 '고독사'라는 단어에 신경이 곤두서 있었다.

'할아버지가 고독사할 뻔했다? 그럼 이런 경우는 고독사가 아니란 말인가?'

그가 말한 고독사는 분명 우리 사회가 생각하고 있는 개념일 텐데……

일본에서는 이런 유형을 '고립사'로 규정짓고 고독사의 한 유형으로 취급한다. 이와 달리 우리나라는 고독사 문제를 현상으로 파악하여 결과만을 중시하는 모양새이다.

내가 십여 년 전 이 책을 한국에 처음 소개할 때 고독사의 현상을 얘기하자는 것은 아니었는데, 그동안 한국에서는 많은 전문가가 나타나 무연고자를 사망 후 늦게 발견하는 일을 고독사로 다루는 경향이 있다. 그런데 일본은 좀 다르다. 일본에서는 고령자의 단신세대와 고령자 부부 가구 등에서 사후 상당 기간이 지나서야 발견하는 비참한 고립사가 발생했다. 이 중에는 건강, 경제 상황의 문제가 있는데도 필요한 행정 서비스를 이용할 수 없고, 전기, 수도, 가스 등 공공요금이나 월세를 장기간 연체하는 등 사회적으로 고립된 끝에 병사, 아사에 이르는 경우가 문제로 지적된다.

사후 장기간 방치하는 비참한 고립사는 인간의 존엄을 해치는 것이다. 또 사망자의 친족, 이웃에 거주하는 사람이나 집주인 등에게 심리적 충격이나 경제적 부담을 준다는 점에서 고립사를 생존 중 고립 상태가 죽음으로 표면화한 것으로 파악한다. 그래서 살아 있는 동안 고립 상태에 대한 대응을 강요하는 문제로 받아들이는 것이 필요하다고 인식한다.

이 때문에 국가나 지방자치단체가 이런 고립사 사례를 파악하고 행정으로 이를 막기 위한 방법은 없는지 또는 어떤 대응을 했는지는 물론, 앞으로 어떤 대응을 강화하고 추진할 필요가 있는지 등을 검증하고 사회적 고립을 방지하는 대책을 세우는 것을 중요하게 생각한다.

대다수 고령자는 건강 상태, 경제 상황의 어려움 없이 삶의 보람을 느끼며 일상생활을 보내고 있다. 그러나 한편으로 치매 등으로 장기요양보험이나 생활 보호 등 행정 서비스를 이해하지 못하는 사람이나 이런 서비스를 거부하는 등 건강에 문제가 있어 생활이 어려운 상황임에도 자신에게 필요한 행정 서비스를 받지 않고 가족이나 지역 사회와 접촉도 거의 없이 사회에서 '고립'된 고령자가 존재한다.

일본 정부에서는 "사회적 고립"을 이처럼 "가족이나 지역 사회와 교류가 객관적으로 현저히 부족한 상태"라는 의미로 사용한다.

옆방 남자의 말을 들으며 쪼그리고 앉아 하던 재활용 분리가 다 끝나갈 무렵, 나는 아들이 그토록 찾고 싶었던 전세계약서를 찾을 수 있었다. 전세계약서는 한자 옥편의 커버 사이에 고이 접어 끼워져 있었다. 정리를 마친 후 나는 아들에게 연락하여 전세계약서를 찾았다고 말했다. 그는 전세계약서에 적혀 있는 부동산 사무실에 그것을 맡겨 달라고 했다.

나는 계약서에 적힌 부동산 사무실에 들러서야 할아버지의 사정을 좀 더 들을 수 있었다. 할아버지가 이 동네에 온 지는 4년쯤 되었는데, 처음 2년은 전세보증금이 좀 더 많은 곳에서 살았다고 한다. 그런데 2년의 계약기간이 끝나자마자 고인은 부동산을 찾아와 자신의 2년치 생활비를 뺀 나머지 금액에 맞추어 집을 소개해 달라고 했다는 것이다. 그래서 부동산 중개인은 금액에 맞추어 할아버지에게 이 집을 소개했고, 계약기간이 끝나면 다시 다른 집을 소개할 계획이라고 말했다. 할아버지는 이 동네로 오기 전 다른 동네에서도 이런 방식으로 거주지를 옮겨 다녔다고 부동산 중개인은 말했다. 그는 할아버지가 사망한 사실을 아직 모르고 있었다.

61. 국내사례

젊은 한의사의 고독

———

담배와 컵라면으로 마감한
마흔여섯의 짧은 인생

혼자 살던 사람의 유품을 정리하는 것은 더 이상 아무도 살지 않는 집을 전부 비워야 하는 의미이기에 한꺼번에 여러 작업을 해야 한다. 살아 있는 사람의 이사처럼 화물차에 물건을 싣는 작업뿐만 아니라, 재활용 가능한 가전제품은 매각하고 못 쓰는 가구 같은 대형폐기물은 스티커를 발부받아 반출해야 하는 번거로운 일도 있다. 그나마 아파트는 공간 확보가 용이하지만, 단독주택은 문전에서 수거하는 방식이라 협소한 공간으로 애를 먹기 일쑤이다.

이번 현장처럼 현관으로 들어가는 골목 입구가 좁은 단독주택은 어쩔 수 없이 사다리차를 사용하여 창문으로 짐을 반출해야 한다. 그런데 이쪽에는 전깃줄이 우리 작업을 방해하고 있었다. 키 낮은 전봇대에 거미줄처럼 엮여 있는 전깃줄은 마음대로 제거할 수도 없어 위험을 무릅쓰고 비껴가야 한다. 고인은 이층에 살았는데, 사다리를 조금만 위로 올려도 바로 전깃줄에 닿았다. 그리고 아래로 내리면 전깃줄을 눌러 고압 전기사고의 위험까지 감수하며 작업에 임했다.

열쇠를 들고 현관문을 열어 준 사람은 고인을 아주버님이라고 부르던 여성이었다. 그녀는 며칠 전 남편이 형님에게 전화했지만 받지 않아서 집에 와 보니 고인이 죽어 있었다는 것이다.

문을 열고 입구에 들어서자 우리를 반긴 것은 매캐한 담배 냄새였다. 그것도 오래된 담배꽁초에서 나는 찌든 냄새 말이다.

"아이고, 담배 냄새."

그녀는 방으로 들어가자마자 담배 얘기부터 꺼내기 시작했다.

"이놈의 담배 때문에 죽었어요, 담배! 담배를 얼마나 피워댔는지……."

방 두 칸에 싱크대가 딸린 거실이 있는 투 룸으로 혼자 거주하기에는 제법 넓은 공간이었다. 옷을 걸어 놓은 행거 뒤쪽으로 장롱이 있고, 장롱 안은 아무것도 없이 텅텅 비어 있었다. 행거에는 가지런히 십여 개의 양복바지가 걸려 있었다. 열린 창문 틈으로 들어오는 약한 바람이 바지를 흔들어 찌든 담배 냄새가 내 코를 자극했다. 그 옆으로 텔레비전 위에 있는 커피 깡통에는 십 원짜리와 백 원짜리 동전이 각각 한 통씩 꽉 채워져 있었다. 고인은 한 가지를 일부러 모으는 취미가 있는 것 같았다. 가지런히 진열된 물건을 보면 '정리정돈은 이렇게 하는 것이야!' 하고 마치 고인이 나에게 가르쳐 주는 것 같았다.

아직 개지 않은 이불 위에 베개가 놓여 있고, 머리맡 구석에는 그토록 내 코를 자극했던 찌든 냄새의 발원지가 있었다. 까만 비닐봉지에 담배 꽁초가 한가득 담겨 있었다. 몇 달씩 모아야 할 만큼 어마어마한 양이었다. 비닐봉지 옆에 놓인 휴지통 안에는 다 피고 난 담뱃갑이 구겨진 채 가득 들어 있었다. 모두 같은 종류의 담배였다. 나는 그 광경을 보고 입이 다물어지지 않았다.

'왜 이렇게 모았을까?'

이번에는 주방 쪽이었다. 말라 있는 개수대. 싱크대 아래쪽과 찬장에는 그릇이나 냄비가 하나도 보이지 않았다. 심지어 숟가락과 젓가락도 없었다. 주방 한쪽으로 키 큰 냉장고가 서 있었지만, 안은 텅텅 빈 채 전기 코드가 뽑혀 있어 언제 사용했는지 도통 흔적을 찾을 수 없었다. 냉장고와 벽 사이 모서리에는 스티로폼 컵라면 빈 용기를 가지런히 두 줄로 수북이 쌓아 놓았다.

두 평 남짓한 주방을 따라 연결된 거실에는 붙박이로 짜 놓은 책장이 있었고, 거기에는 두꺼운 책이 한쪽 벽면을 가득 채우고 있었다. 좀 더 가까이 다가서니 책 제목이 대부분 한자로 되어 있었는데, 『동의보감』과 『본초강목』 등 모두 한의학 관련 책이었다. 고인의 직업은 한의사였던 것이다. 고인의 직업을 알고 난 후 조금 전 눈으로 확인했던 담배 꽁초와 컵라면 빈 용기가 내 뇌를 혼란에 빠뜨렸다.

'누구보다 건강에 대해 잘 알고 있었을 텐데.'

열린 안방 창문으로 쉼 없이 오르락내리락하는 사다리차 소리가 요란하게 고함을 지르고 있었다. 다행히 주택가 주변에서 민원을 제기하는 사람은 아무도 없었다. 안방과 거실에 남겨진 유품 분류와 정리를 끝내고 마지막으로 남은 공간인 작은 방으로 들어갔다.

작은 방에는 고인이 직접 조립한 것으로 보이는 컴퓨터가 놓여 있고, 책상 위에는 엑스레이 사진 한 장과 심장 관련 의학 책이 몇 권 놓여 있었다. 커다란 봉투에 들어 있는 것은 심장 사진이었다. 봉투 겉면에는 고인의 이름이 적혀 있었다. 고인은 심장이 안 좋았던 것 같았다.

좁은 입구와 전깃줄 탓에 많은 인원이 투입된 현장이라서 생각보다 정리를 일찍 끝낼 수 있었다. 냉장고와 장롱을 폐기 처분하기 위해 주민센터에 들러 대형폐기물을 신고하고 돌아올 때쯤 고인의 남동생이 와 있었다. 내가 다가서자 그는 하늘을 쳐다보며 한숨을 토하듯 말했다.

"태어날 때부터 형은 심장이 안 좋았어요. 한쪽 심실이 작았다고 하네요."

그때서야 나는 고인이 왜 그토록 담배를 좋아했는지 이해할 수 있을 것 같았다.

하지만 이 지경이 될 때까지 건강을 돌보지 않고 자신을 방치한 그가 한편으로는 안타깝게 느껴졌다. 담배와 컵라면으로 마감한 마흔여섯의 짧은 인생. 여기에는 너무나 많은 아쉬움이 남아 있었다. 아니 그보다 혼자인 사십대 남자가 사는 주방의 참상을 본 것 같아 가슴이 먹먹하고 답답했다. 나는 담배를 피우는 것처럼 한 숨을 길게 내쉬어 보았다. 담배 연기가 없는데도 답답한 마음이 좀 가라앉는 기분이었다. 고인은 매번 이런 기분을 느끼고 싶었던 것은 아닐까? 하지만 고인은 자신의 마지막이 이런 모습이리라고는 생각하지 못했던 모양이다.

'힘든 공부를 어렵게 한 고인이 자신처럼 아픈 사람을 위해 좀 더 많은 도움을 줄 수 있었더라면 좋았을 텐데.'

나는 못내 떠나기 아쉬워 텅 빈 방 안에서 크게 심호흡을 연거푸 했다.

62. 국내사례
액자 속 친구들

———

졸업 앨범 속 사진은 모두 중년 남자들이었다.
사진 옆 가위표는 할아버지보다 먼저 세상을 떠난 사람들이었다

문의가 온 전화 발신지는 미국이었다. 국제전화로 연결된 탓에 긴 시간 통화할 수는 없었지만, 그가 처한 상황을 간략히 들어 보니 사정이 딱했다. 사위라고 밝힌 그는 한국에 자신의 장인이 홀로 있는데, 얼마 전 요양병원으로 옮긴 탓에 병원비와 아파트 관리비를 이중으로 부담하고 있다는 것이었다. 환자의 현재 상태로는 병원에서 집으로 다시 돌아갈 가능성이 없어 아무도 살지 않는 아파트를 정리하고 싶다는 설명이었다.

　상담 전화를 받은 나는 현재 집주인이 살아 있기 때문에 집을 정리하기 위해서는 법률 행위 당사자의 위임장이 필요하다고 말했다. 그런데 사위의 말에 의하면 장인은 현재 의식이 없어 위임장을 받을 수 없고, 자신의 아내가 외동딸인 탓에 국내에 위임장

을 대신 받아줄 사람이 아무도 없다는 것이었다. 나는 딱한 사정은 알겠지만, 엄연히 집주인이 있는데 당사자 의사에 반해 함부로 타인의 재산을 처분할 수 없었다. 그렇게 통화는 끝났고 한동안 연락이 없어 잊고 지냈다.

5개월쯤 지났을 무렵 그에게서 다시 전화가 왔다.

"장인이 요양병원에 아직 계시는데 의식이 없습니다. 현재 병원비와 아파트 관리비 양쪽으로 비용이 발생하여 우리 형편이……."

사정은 안타까웠지만, 나는 지난번과 마찬가지로 다시 정중히 거절하고 말았다.

전화를 받은 후 다시 4~5개월이 지났을까? 또 다시 전화를 한 사람은 사위였다.

의식이 없는 장인은 아직도 요양병원에 있는데 인공호흡기를 뗄 수가 없어 집을 비워 주변에 살고 있는 친척 집으로 짐 일부를 보내 주면 안 되겠느냐는 사정이었다.

현재는 이처럼 질병, 장애, 노령 등의 사유로 정신적 제약을 가진 사람들이 존엄한 인격체로서 주체적으로 후견제도를 이용하고, 자신의 삶을 영위해 나갈 수 있도록 2013년 7월 1일부터 성년후견제도를 시행하고 있다. 하지만 당시는 아직 이 제도를 시행하기 전이라 우리는 난감한 상황을 함께 고민해야만 했다. 거의 일년 동안 수차례 전화를 받았던 터라 매몰차게 거절하는 것도 예의가 아니라는 판단에 어려운 상황에 처해 있는 딸 부부를 위해 몇 가지 확인 절차를 거쳐 처리해 주기로 결정했다.

우여곡절이 많은 것처럼 방문한 현장은 왠지 모를 쓸쓸한 기운이 감돌았다. 돌아가신 분의 유품정리가 아니라 곧 유품이 될 물건들을 정리해야 했기 때문일까? 집 안의 물건 어느 것 하나 쉽게 건들 수 없었다. 마치 할아버지가 금방이라도 달려와 '이놈' 하고 나무랄 것만 같았다. 그래도 이왕 정리를 맡기로 한 이상 할아버지를 위해 최선을 다하자는 마음을 가졌다.

멀리 떨어져 발을 동동 구르고 있을 딸과 사위를 위해 현장에서 자주 통화하며 덩치 큰 가재도구부터 처리해 나갔다. 나중에 하나밖에 없는 외동딸이 아빠의 유품을 정리할 수 있는 기회를 가질 수 있도록 남아 있는 짐은 최소한으로 줄여 상자에 넣어 보관하기로 했다. 마침 인근에 살고 있는 친척 집에 작은 창고가 있어 부피를 줄인 짐을 그쪽으로 배송해 보관하기로 했다.

아무도 없는 텅 빈 방 안, 일 년 동안 주인을 잃은 집을 반기는 것은 천장에 자신의 거처를 마련한 거미들이었다. 할아버지가 혼자 살았던 집이라고는 할 수 없을 정도로 깔끔히 정리되어 있었다. 특이한 점은 집 안에서 평상복이나 운동복은 한 벌도 볼 수 없다는 것이었다. 할아버지의 옷장은 양복으로 가득 차 있었다. 모두 직장 생활을 할 때 입었던 옷처럼 보였다.

거실 벽에는 특별한 액자가 하나 걸려 있었다. 계란 모양의 타원형 증명사진이 나란히 나열된 어느 졸업 앨범으로 모두 중년 남자 모습이었다. 그것은 한 직장에서 앨범처럼 만들어 준 것을 액자로 만들어 벽에 걸어 놓은 것이었다. 앨범과 비교해 보니 할아버지의 직장 동료들인 것 같았고, 그들의 우애가 남달라 보였다. 그런데 자세히 보니 타원형 흑백 증명사진들 옆으로 볼펜으로 가위표를 해놓은 것이 보였다. 액자 속 동그라미 숫자는 스무 명. 가위표를 한 사람은 절반을 훨씬 넘어 빈 곳은 얼마 남지 않아 보였다. 짐작컨대 할아버지가 자신보다 앞서 이 세상을 떠난 사람을 표시해 놓은 것 같았다.

'표시를 할 때마다 기분이 어땠을까?'

나는 물리적으로 주변에 아무도 없을 때보다 휴대전화에 저장된 연락처를 쳐다보며 연락할 수 없는 사람이 많다고 생각할 때 외로움을 더 크게 느꼈다. 그런데 이 가위표를 볼 때마다 할아버지는 내가 느꼈던 감정과는 비교되지 않을 정도로 큰 외로움을 느꼈을 것이다.

내부 정리가 대충 끝나갈 무렵, 대형폐기물 신고를 위해 아파트 뒤편 주민센터를 찾았다. 지방의 작은 도시라 신청서에 반출할 할아버지 이름과 주소를 기입했더니 직원은 단번에 알아차리고 나에게 말했다.

"아! 미국에 있는 딸 자랑하는 할아버지!"

직원 말에 따르면 가끔 주민센터에 양복을 입은 노신사가 찾아와 늘 자신의 딸 자랑을 했다는 것이다. 그런데 한동안 할아버지가 보이지 않자 복지 담당 공무원이 할아버지에게 전화를 했고, 연락이 닿지 않자 미국에 있는 딸집으로 갔을 것이라고 생각했다고 말했다.

점심시간, 아파트 상가 식당에서 할아버지에 대한 얘기를 좀 더 들을 수 있었다. 그는 일주일에 몇 번씩 식당을 찾았는데, 여기에서도 미국에 살고 있는 딸 자랑을 했었다고 한다. 그런데 할아버지가 일 년 가까이 보이지 않자 식당 주인도 그가 미국에 있는 딸집으로 갔다고 생각했다는 것이다. 아파트 복도에 나와 있는 화분과 입구에 놓인 자전거를 처리하기 위해 방문한 경비원도 마찬가지였다. 주변 사람들은 모두 그가 미국에 갔을 것이라고 생각하고 있었다. 그리고 하나같이 그들은 최근 들어 할아버지가 보이지 않았다고 말했다.

만일 할아버지가 집에서 위험한 상황에 놓여도 아무도 눈치채지 못하지는 않았을까? 나는 할아버지가 완쾌하기를 바라는 마음으로 가장 깨끗한 외출복을 한 벌 챙겨 놓았다.

63. 국내사례

세 개의 전기장판

—

'어떻게 자신의 아버지를⋯⋯.' 고인의 유품이 빠져나갈 동안
아들 내외와 손녀는 텔레비전을 보며 웃고 있었다

상조 회사 소개로 찾아간 곳은 한눈에 봐도 베드타운임을 짐작케
하는 대단지 아파트 밀집 지역이었다. 이 지역은 교육도시라는 타
이틀을 내걸 만큼 학교가 많아 학생뿐 아니라 교사도 많이 거주하
는 곳이다. 그래서인지 최근 거물급 정치인들의 잇따른 선거 출마
로 관심이 모아졌다. 아파트 단지 입구마다 내걸린 현수막에는 혁
신과 개발이라는 단어가 적혀 있고, 주변에는 대대적인 업무, 상
업 시설 등을 조성할 예정이라 사람들은 들떠 있었다.

아들 가족이 함께 생활하던 방 네 개짜리 아파트 가운데 할아
버지가 사용하던 방 한 칸만 정리해 달라는 요청이었다. 시간이
얼마 걸리지 않는 간단한 작업이었지만, 브랜드 이미지에 각별히
신경 쓰는 상조 회사의 협력 건이라 민원이 나오지 않도록 조심스

럽게 현장을 정리하지 않으면 안 되었다. 사실 특정 직업군을 기반으로 한 이 회사의 소개는 우리 회사에 손해를 끼치고 있었지만, 기업 대 기업 모델로 업무를 확장시키기 위해 다양한 시도를 하는 중이라 각별한 주의가 필요했다.

이른 아침에 현장에 도착하여 현관 입구에 들어서니 이 작업을 의뢰한 며느리가 나와 있었다. 그녀는 고개를 들어 턱으로 방문을 가리키며 "저 방이에요." 하고 짧게 한마디 하고는 베란다 쪽으로 사라졌다.

그녀는 베란다로 돌아가 고인이 살던 방 창문을 열더니 짐을 그쪽으로 내달라고 말했다. 그 방향은 작업하기가 까다로웠다. 통상 이삿짐은 입구 쪽으로 작업해야 함에도 그녀가 요구하는 방향은 사람의 왕래가 적은 아파트 뒤편이라 다른 사람을 의식하고 있음을 알 수 있었다. 공간이 좁다고 투덜거리는 사다리차 업자를 겨우 설득하여 그녀 요구대로 작업을 진행해 나갔다. 견적을 낼 때 찍은 현장 사진에는 장롱 하나와 침대 하나, 오래된 텔레비전 등만 있어서 작업이 간단해 보였다. 그러나 노인의 해묵은 짐을 꺼내 놓는 작업이라, 생각보다 많은 양의 물건을 사다리차로 옮겼다.

열두 자짜리 윤기 잃은 자개장롱 안의 유품을 분류해 보니 고인은 최근 10년간 아무런 문화적 혜택을 받지 못한 것 같았다. 그럼에도 유독 깨끗하게 다려서 장롱 옷걸이에 걸어 놓은 생활한복 한 벌이 눈에 띄었다. 외출할 때 고인이 입었던 것으로 보였다. 유품정리는 물건이 들어온 반대 순으로 하는 작업이다. 시간을 거꾸로 돌리는 것과 같기 때문에 사용하는 사람들이 공간을 어떻게 채워 나갔는지 의도를 짐작할 수 있다. 분류가 다 끝난 물건을 방 안에서 반출하고 난 후 본격적으로 가구를 해체하기 시작했다.

다음은 침대 차례였다. 차례대로 맨 위의 이불부터 하나씩 걷기 시작하니 군용 모포가 한 장 나왔다. 그 아래에는 황토색 전기 장판이 있었다. 전기장판을 걷어보니 이번에는 얇은 이불이 여러 장 나왔다. 특이하게도 매번 걷어낸 이불 위에 캡슐 약에서 떨어진 알갱이가 여기저기 흩어져 있었다. 맨 처음 약 알갱이를 볼 때는 대수롭지 않게 생각했다. 그런데 이불을 걷어낼 때마다 어김없이 발견되는 약 알갱이는 침대 쪽 이불을 다 걷어낼 때까지 발견되었다. 고인은 아마 오랜 기간 이불 위에서 약을 복용하고 있었던 것 같았다.

다시 몇 개의 이불을 걷어내니 또 전기장판이 나왔다. 그리고 전기장판 아래로 다시 여러 장의 홑이불, 그 아래에 다시 전기장판이 마치 포목점에서 이불을 전시해 놓은 것처럼 각각 모양과 크기가 다른 이불을 진열한 듯 펼쳐져 있었다. 드디어 마지막 전기장판을 걷어내니 이번에는 공사장에서 사용한 흔적이 있는 두꺼운 합판이 시멘트 가루가 묻은 채 침대 바닥 대신 깔려 있었다.

두 사람이 옮기기 힘들 정도로 무거운 합판을 온 힘을 다해 걷어내니 이번에는 벽돌이 나왔다. 우리가 지금까지 본 것은 침대가 아니라 침대 모양을 갖춘 거대한 이불 더미였다. 그러나 이불이라고 하기에는 너무 지저분하고 냄새나는 고약한 쓰레기 더미였다.

영문을 모른 채 아래쪽에서 짐을 받고 있던 사다리차 기사는 왜 계속해서 냄새나는 이불을 내리느냐며 전화로 짜증을 내고 있었다.

장롱을 그대로 둔 채 방바닥의 마루판을 시공한 탓에 장롱을 해체하는 과정에서 이전의 장판 자국이 선명히 드러나는 것으로 봐서 아마도 십 년 넘은 아파트의 실내 인테리어 공사에서 나온 자재를 깔아 놓은 것 같았다. 매트리스 없는 침대야 그렇다 하더라도 걷어낸 이불마다 드러나는 약 알갱이는 방 안에서 작업하는 우리를 짜증나게 만들었다.

방 안 정리가 끝날 무렵 고인의 아들이 집에 돌아왔다.

그는 작업을 하고 있는 우리를 힐끗 쳐다보더니 나를 데리고 작은방으로 갔다.

"여기 있는 휠체어도 함께 처리해 주시오."

뭔가 불만이 가득 찬 목소리로 업무를 지시하는 태도가 거슬렸지만, 어쨌든 빨리 작업을 끝내고 이 집을 나가고 싶었다. 서둘러 접힌 휠체어를 그대로 밀고 밖으로 나왔다. 주차장에 내려놓은 녹슨 휠체어를 펼쳐보니 한쪽 발판이 떨어져 나가고 없었다.

'부작위…… 어떻게 자신의 아버지를…….'

갑자기 화가 치밀었다. 마땅히 해야 할 것으로 기대되는 조치를 취하지 않는 것을 부작위(不作爲)라고 한다. 계모가 아기에게 젖을 먹이지 않아 굶어 죽게 하는 것처럼 위험이 발생하는 것을 방지할 의무가 있거나 자기 행위로 위험이 발생할 수 있음에도 그것을 야기한 자가 그것을 방지하지 아니했을 때는 그 발생 결과에 따라 처벌을 하는데, 이것이 부작위범(不作爲犯)이다.

초고령화 사회인 일본에서는 개호포기라고 하는 부작위가 사회적으로 문제가 되었다. 우리나라 말로 바꾸면 간병포기라고 할 수 있다. 개호포기는 네그렉트(neglect)라고도 하는데, 이 말에는 원래 '방치' 또는 '무시'라는 의미가 들어 있다. 그동안 주로 아이에게 의식주 등 적절한 보호나 의료 관리, 교육하지 않는 아동학대를 일컫는 용어로 사용했다.

개호포기는 아이에 대한 네그렉트를 고령자로 바꿔 생각하면 알기 쉬울지도 모르겠다. 예를 들어 식사나 배설, 목욕 같은 일상생활에 필요한 행위를 혼자 할 수 없거나 간호가 필요한 고령자에게 부축을 행하지 않고 방치하는 것 또는 밥을 주지 않는 것은 개호포기에 해당한다. 또 고령의 가족에게 의료기관 진료나 장기요양 서비스 이용이 필요한 것을 알면서도 기회를 주지 않고 방치하는 것 역시 개호를 포기한 것이라고 할 수 있다. 개호 부담이 커지자 수발이 필요한 고령자를 버리고, 간병인 가족이 집을 나가는 사태를 일으키는 경우도 있다.

현장 정리를 끝내고 함께 작업에 참여한 전직 경찰관 출신의 관리자는 이렇게 말했다.

"아들과 며느리가 할아버지 방에 있는 물건에 손을 대기 싫어 더러운 이불 위로 다시 이불을 깔았네요."

"그렇죠? 이불 위로 전기장판을, 그 위로 다시 이불과 전기장판을 침대 높이까지 쌓아 올린 거네요."

작업을 함께 했던 우리 두 사람의 의견이 일치했다. 몸이 마음대로 말을 듣지 않을 때 누군가 방치하면 자신도 어쩔 수 없는 상황에 직면한다. 만일 간호하는 사람이 이런 사실을 모른다면 빨리 알려주어야 하겠지만, 알고도 방치한다면 그것은 범죄에 해당한다. 그러나 이처럼 방치된 노인은 가족 간의 사적 영역으로 쉽게 드러나지 않는다. 점점 고령화로 치닫는 사회에서 이런 문제는 심각한 사회 문제가 될 수 있다.

고인의 유품이 빠져나가는 동안 아들 내외와 고인의 손녀는 우리가 작업하는 것에 아랑곳하지 않고 소파에 앉아 텔레비전을 보며 웃고 있었다.

64. 국내사례

호자를 둔 부모의
최후

베란다 맞은편으로는 딸 집 거실이, 건너편으로는 큰아들 집 아파트가 보였다. 어두운 밤, 아무도 없는 집 베란다에서 할머니는 무슨 생각을 했을까?

현장 정리를 위해 대규모 아파트 단지에 들어서니 아파트 장날이라 입구부터 형형색색의 그늘막이 펼쳐져 있었다. 파란 텐트 속에서 가락국수를 삶아 내는 아주머니, 뻥튀기로 강정을 만들고 있는 아저씨, 그 옆으로 각종 야채를 다듬어 빨간 소쿠리에 담고 있는 젊은 새댁까지 아스팔트 위에 펼쳐진 간이 점포에서 모두 분주하게 장사를 준비하고 있었다. 아직 이른 시간이라 장을 찾은 주민들은 그다지 많지 않았지만, 자그마한 지역 축제처럼 길 양옆으로 길게 행렬이 이어져 제법 구경할 것이 많았다. 입구부터 좋은 기분을 느낀 덕분일까? 엘리베이터를 타고 전화로 예약을 받은 집으로 올라가는 발걸음이 날아갈 듯 가벼웠다.

이번에 의뢰받은 현장은 우애가 좋은 삼남매 집이었다. 나를 기다리고 있는 삼남매는 모두 인상이 좋아 보였고, 예의도 바른 사람들이었다. 현관을 들어서니 초등학생으로 보이는 아이 네 명이 안방, 작은방으로 몰려다니며 천진난만하게 재잘거리고 있었다. 아이들이 하는 얘기에 귀를 기울여 보니 서로 사촌지간이라는 것을 금방 알아차릴 수 있었다. 아마 서로 인근에 살고 있어 이렇게 놀고 있는 것 같았다.

현장은 삼남매의 어머니가 혼자 살던 집이었다. 칠십대 초반의 할머니는 건강하고 부지런했는지 몇 개월 비워 있었음에도 집 안이 깔끔했다. 고층 아파트는 사다리차로 짐을 내려야 하기 때문에 혹시 위에서 물건이 떨어질지 모를 안전사고를 방지해야 한다. 그래서 주민들의 협조를 얻어 사다리차 주차 공간 외에 좀 더 넓은 면적을 확보한 탓에 오전 내내 분주히 실내 작업을 해야 했다.

이른 아침부터 스태프들과 함께 작업하느라 시간 가는 줄 몰랐는데 배꼽시계는 점심시간을 알리고 있었다. 땀 흘리며 작업하고 있는 우리에게 점심 식사를 대접하겠다고 현장으로 찾아온 사람은 삼남매 가운데 막내였다.

"식사를 준비해 놓았으니 식사부터 하시고 작업하시죠?"

"우리가 알아서 해결하겠습니다. 신경 쓰지 않으셔도 됩니다."

"아뇨. 누나가 집에 식사를 차려 놓았으니 모두 함께 가시면 됩니다."

많은 인원의 식사를 힘들게 준비했는데, 무작정 거절하는 것도 상대방 호의를 무시하는 것 같아 하는 수 없이 그를 뒤따랐다.

신을 벗고 들어간 곳은 우리가 한참 현장 정리를 하던 고인의 집 맞은편에 있는 같은 아파트였다.

견적 상담 때 긴 시간 동안 함께 얘기를 나누었던 인상 좋은 딸은 "엄마가 있었으면 더 맛있는 밥을 차려 드렸을 텐데……."라고 말하며 우리에게 식사를 권했다. 나는 그 말을 듣는 순간 뭔지 모를 묘한 감정이 일어났다.

고인의 딸이 차려 준 식사는 어느 시골의 인심 좋은 할머니가 정성껏 차려 준 집밥처럼 구수한 맛이 일품이었다. 너 나 할 것 없이 고봉으로 담긴 밥그릇을 금방 비우고는 빈 공기를 든 손을 주방 쪽으로 내밀고 있었다. 마치 오두막에 온 것처럼 디저트로 나온 수박까지 천천히 즐기고 싶었지만, 의뢰인이 부탁한 제기를 큰아들 집에 배송하기 위해서는 서둘러 식사를 끝내야만 했다. 모두 아쉬워하는 표정이 역력했고, 몇몇 스태프는 한 손에는 수박을 든 채 신을 신고 있었다.

현장으로 돌아온 우리는 정리를 이어 나갔다. 주방과 거실은 거의 작업이 끝났고, 안방의 장롱을 들어내기 위해 안에 있던 옷과 이불을 분류하고 있었다. 그때 장롱 위에 있는 와이셔츠 상자 하나가 눈에 띄었다. 먼지 묻은 상자를 아래로 내려 열어보니, 그 속에는 지역 농협에서 받은 감사장이 들어 있었다. 아침에 정리하면서 본 우체국택배 계약서 사본에 있던 지역과 이름이 같은 농협으로 고랭지 감자로 유명한 곳이었다. 상자에 들어 있는 서류로 봐선 고인은 이곳으로 이사 오기 전까지 시골에서 농사를 지으며 살았던 것 같았다. 장롱을 들어내기 위해 옆으로 밀친 순간 장롱과 벽 틈 사이로 아이들 한글연습장이 몽당연필과 함께 끼워져 있었다. 초등학교 저학년 연습장이었다. 연습장에는 받아쓰기용 단어가 칸에 맞추어 삐뚤삐뚤 빼곡히 써 있었다. 나는 연습장을 한 장씩 넘기며 '할머니가 손자들에게 한글 공부를 시켰나 보다' 하는 생각이 들어 살짝 미소를 지었다. 그런데 내 예상은 빗나갔다. 한글연습장 가운데 부분에는 '할머니 한글 공부 열심히 하세요'라는 문구가 적혀 있었다.

스태프들이 현장 정리를 하는 동안 나는 제기를 갖다 주기 위해 큰아들 집으로 향했다. 평일 낮 시간이라 초등학교 아이들의 하교 시간과 맞물려 노란색 승합차가 아이들을 기다리고 있었다. 큰아들이 살고 있는 아파트에 도착하니 고인이 살고 있던 아파트의 고층 부분이 보였다. 큰아들 집은 걸어서 10분이면 도착하는, 현장에서 가까운 곳이었다. 의뢰받은 주소에 도착하여 제법 무거운 제기 상자를 든 채 초인종을 눌렀더니 60대 후반으로 보이는 할머니가 강아지를 안고 나왔다. 그녀는 사위에게 전화를 받았다고 말했다.

이윽고 현장 정리와 배송이 모두 끝나고, 사다리차를 주차했던 화단 주변을 빗자루로 쓸어 청소하고 있을 때 건너편의 경비원이 다가와 작은 목소리로 나에게 말했다.

"여기가 할머니가 처음 발견된 자리예요. 쿵 하는 소리가 얼마나 크던지……."

몇 개월 전 새벽, 베란다에서 떨어진 할머니를 처음 발견한 경비원이었다.

그는 눈시울을 붉히며 "할머니가 모종삽을 들고 나와 화단에 있는 잡초도 뽑고 관리해 줬는데, 이제는 화단 관리를 하지 않아 풀이 제멋대로 자라고 있네요." 하고 말했다.

그러고 보니 화단에 있는 나무는 누군가 관리를 한 탓에 반대편에 있는 것과 높이가 달랐는데, 어느 순간부터 정리되지 않아 잡초와 함께 삐쭉삐쭉 자라고 있었다.

나는 마무리를 위해 15층 현장으로 올라갔다. 베란다 쪽으로 나와 아래쪽 화단을 내려다보았다. 맞은편에는 딸 집 거실이 보였고, 바로 건너편에는 큰아들 집 아파트가 보였다.

'어두운 밤이 오면 아무도 없는 자신의 집 베란다에 나와 할머니는 무슨 생각을 했던 것일까?'

몇 년 전, 일본 지역신문에서는 시골에 살던 노인이 자녀가 살고 있는 도시로 이주했다가 도시생활에 적응하지 못해 농촌으로 귀향하는 사례가 늘고 있다는 기사를 소개했다. 노부부가 함께 살다가 한쪽이 먼저 사망한 경우, 자녀들은 홀로 남은 부모가 걱정되어 자신이 거주하는 도시로 이주시키려고 생각한다. 심지어 홀로 된 부모를 자녀가 모신다는 명목으로 시골집을 정리해 버리는 경우도 있다. 시골 부모는 일평생 자신의 지역에서 사람들과 함께 생활해 왔지만, 자녀 뜻에 따라 주거지를 포기함으로써 이웃과 일을 한꺼번에 잃고 만다. 시골생활만 한 노인들은 도시생활에 익숙한 아파트 노인정 노인들이나 손자들의 학부형 역할로 만난 고학력 신세대 노인들과도 어울리지 못해 심한 외로움에 시달리며 우울해한다. 어떤 삶이 행복하다고 단정 지을 수 없다. 하지만 집 안에 물리적으로 혼자 있는 노후의 삶보다는 지역사회와 함께하지 못하는 노후의 삶이 더 위험하다는 생각을 간과해서는 안 된다.

65.

내 유품을 부탁합니다

자신이 죽고 나서 유품정리를 미리
의뢰한 67세의 할머니

지방에 거주하는 여성에게서 한 통의 문의 전화가 왔다.

"저, 유품정리를 신청하고 싶은데요?"

"네. 어느 분이 돌아가셨습니까?"

"아뇨! 아직 돌아가신 것은 아니고⋯⋯."

"네. 그럼 요양병원에?"

"아뇨! 그것도 아닙니다."

"그럼⋯⋯."

"사실은 제가⋯⋯."

"네?"

자신의 유품정리를 예약하고 싶다고 말한 전화 목소리의 주인
공은 67세의 할머니였다. 혼자 살고 있던 그녀는 자신이 죽은 후

유품을 어떻게 해야 할지 걱정이었는데 마침 내가 인터뷰한 신문 기사를 보고 연락했고, 상담을 받고 싶다는 것이었다. 나는 전화로는 자세한 상담을 할 수가 없어 방문이 필요하다고 말했다.

"여기가 지방인데 방문 가능하나요? 그럼 비용은 어떻게 됩니까?"

아무래도 돌아가신 분의 유품이 아니라면 당장 집을 비워야 하는 것이 아니라서 모든 일을 제쳐 두고 일부러 찾아볼 수 없는 노릇이다. 나는 방문은 지역에 상관없이 가능하지만, 혼자 전국을 돌아야 하기 때문에 내 스케줄에 맞추어서 찾아갈 수 있다고 말했다.

나는 신청자의 이름과 주소, 연락처를 받아 사전 예약자 방문 리스트에 추가해 놓았다.

솔직히 말하면 나는 방문 리스트가 늘어나는 것이 그렇게 반갑지만은 않다. 유품정리는 기다리는 일이라 이쪽에서 상대방에게 적극적으로 연락하여 얻는 일이 아니기 때문이다. 그래서 미리 포섭한다는 인상을 주어 오해를 사고 싶지 않았다. 다만 다른 사람이 '이제 안심이다'라고 느낄 수 있는 버팀목 같은 일이기 때문에 일본과 마찬가지로 안심 서비스를 하지 않으면 안 되도록 만들고 있다. 방문 기회는 의외로 빨리 찾아왔다.

얼마 후 나는 할머니가 거주하는 지역 근처로 갈 일이 생겨 그녀에게 연락하여 집에 방문했다. 대규모 아파트 단지에 있는 그녀 집으로 들어서자 아직은 중년 부인처럼 보이는 자그마한 몸집의 할머니가 웃으며 나를 반겼다.

"이렇게 건강하신 분이 유품정리를……."

할머니가 내어 주는 방석 위에 앉기도 전에 나도 모르게 불쑥 나온 말이었다. 그리고 어렵게 물었다.

"혹시 병원에서 몇 개월……."

"아니요."

그녀는 내 궁금증을 차단하듯 단번에 잘라 말했다.

"그럼 왜 미리 예약을 해두시려고……."

"나는 자식이 없어요. 그래서 죽고 나면 내 유품을 정리해줄 사람이 없다는 것이 항상 걱정되었습니다. 그래서 이번에 신문기사를 보고 연락하게 되었습니다."

"제가 보기에는 아직 정정해 보이시는데 벌써 그런 걱정을 하시는 거예요?"

그때부터 그녀는 막고 있던 수문을 연 것처럼 쉬지 않고 말했다.

그녀의 설명에 의하면 큰스님들은 입적할 때가 다가오면 아무도 없는 깊은 산속으로 들어가 죽을 때까지 곡기를 끊는다는 것이다. 이런 방법으로 입적한 스님의 육신은 동물의 먹이가 되어 흔적도 없이 이 세상에서 사라지게 된다고 한다. 그래서 할머니도 죽을 때가 되면 산속으로 들어가 자신의 흔적을 모두 없애 버리고 싶다고 말했다.

그녀는 자신의 육신은 스스로 책임질 수 있겠는데, 유품은 모두 정리할 수 없어 어떻게 하면 좋을지 고민이라고 말했다. 그래서 지금부터 자신의 유품을 줄이기 위해 텔레비전이나 밥솥 같은 가전제품은 사용하지 않고, 더 이상 물건을 갖지 않으려고 노력

중이라고 한다. 이 때문에 그녀는 지금까지 인연을 정리하기 위해 모든 사람과 연락을 끊었고, 매일 한 차례씩 빠지지 않고 절에 나가 기도를 한다고 말했다. 할머니의 말을 다 듣고 난 후, 나는 그녀가 원했던 유품정리 예약 서비스를 설명했다.

"저희 유품정리 예약은 계약서를 작성하되 별도로 계약금을 받지 않습니다. 계약서 작성 후 일본에서 만든 책자를 드리는데 양식에 맞게 빈칸을 채워 주시면 됩니다. 이 책자는 할머니의 과거와 현재, 그리고 앞으로 다가올 날에 대한 생각을 정리할 수 있도록 30~40쪽 정도의 분량으로 되어 있습니다. 당장 빈칸을 다 채워 주지 않으셔도 됩니다. 제가 돌아가면 천천히 읽고, 시간될 때마다 조금씩 기입해 보시면 됩니다."

책자를 받아든 할머니는 드디어 아들 한 명을 얻은 기분이라며 이제는 안심이 된다고 말했다. 나도 함께 웃으며 기뻐하는 할머니에게 농담 반 진담 반 이렇게 말했다.

"제가 지금 할머니의 유품을 정리해 주기로 약속했지만, 혹시 제가 할머니보다 먼저 사망하면 약속을 지킬 수 없을지도 모르겠네요. 저는 오늘처럼 출장도 많아 사고가 일어날 수도 있고, 또 세상일은 장담할 수 없으니까요. 물론 저는 약속을 지키기 위해 최선을 다할 것입니다만……."

할머니는 그럴 일은 절대 없다면서 나에게 손바닥을 보이며 두 손을 가로저었다,

상담이 모두 끝난 후 엘리베이터를 타고 내려와 지상주차장까

지 가는 동안 할머니는 아파트 복도에서 내 모습을 계속 바라보고 있었다. 그러고는 내가 자동차로 아파트 단지를 완전히 빠져나갈 때까지 손을 흔들었다.

그 후 계절이 두 번 바뀌었다. 명절도 다가왔고, 손을 흔들고 있던 할머니 모습이 머릿속에서 지워지지 않아 나는 실례가 될 줄 알면서도 전화로 안부를 물었다. 그런데 답변으로 뜻밖의 이메일이 와 있었다. 더 이상 인연을 만들고 싶지 않으니 다시는 내 쪽에서 연락하지 않았으면 좋겠다는 내용이었다. 이후 나는 할머니의 요청대로 더 이상 연락하지 않았다. 그리고 5~6년의 세월이 흘렀다.

지금도 나는 할머니의 근황이 궁금하다. 그리고 가끔 그 지역을 지날 때면 할머니가 나에게 아들을 한 명 얻은 것 같다고 했던 말과 마지막으로 손을 흔들던 모습이 떠오른다. 만약 할머니가 나에게 그런 이메일을 보내지 않았더라면 가끔 그 지역을 지날 때 들러 찾아뵙고 인사하면 좋았을 텐데 하는 아쉬움이 남지만, 나는 그저 지금도 할머니가 건강히 절에 잘 다니고 계실 것이라고 믿는다.

66.

여섯 포대의 쌀

—

혼자 사는 중년 남자 집에 있는 여섯 포대의
쌀, 21세기 대한민국 복지의 현주소였다

최근 문자 한 통을 받았다.

'통장입니다. 사십대 이상 1인 가구 전수조사를 하고 있습니다. 별일 없으시죠?'

일 년에 두세 차례 통장이 전화로 안부를 물어보는 탓에 그것이 지방자치단체의 고독사 예방 사업의 일환이라는 것을 직감할 수 있었다.

혼자 살고 있는 나에게 보내는 안부 문자 한 통이 고마웠다. 일일이 안부를 확인해야 하는 통장 입장에서 생각해 보니 빨리 답을 보내야 할 것 같았다.

'네. 별일 없습니다.'

나는 문자를 보낸 후 화면을 캡처하여 혼자 살고 있는 친구에게 전달했다. 그도 같은 문자를 받았다고 했다. 그런데 친구는 재수 없게 무슨 이런 문자를 보내느냐며 화를 내고 있었다. 혼자 씁쓸한 웃음을 짓고 있을 때 이번에는 전화벨이 울렸다. 전화 목소리는 중년의 남성이었는데, 자신을 집주인이라고 소개했다.

"유품을 정리하고 싶은데요."

"네. 어느 분이 돌아가셨습니까?"

"임차인이 사망했어요. 무연고자라 주민센터에서 장례를 치렀는데 방 안에 있는 짐을 없애려고 해요. 빨리 방문해 주세요!"

"네? 방문이요?"

"문이 열려 있어 밤손님이 들 수도 있고……."

그는 다짜고짜 방문을 요구했다.

최근에는 무연고 사망자의 장례와 유품정리를 지방자치단체에서도 해주는 곳이 많아 우리가 방문하지 않아도 될 때가 많다. 그쪽에서도 이런 사정을 아는 것 같았지만, 그는 마치 내가 당연히 와야 하는 것처럼 막무가내로 요구하고 있었다. 서비스업을 하는 사람으로서 대고객 서비스도 중요하지만, 기업은 이익을 생각하지 않으면 안 되는 법이다. 견적에 그칠 수밖에 없는 일은 시간적·경제적 비용을 고려하여 전화로 먼저 상담한 후에 방문 여부를 결정하고 있던 터라 이런 일방적인 전화는 적잖이 당황스럽다.

물론 전화로 판단할 사항은 아니지만, 이 같은 전화를 많이 받고 있는 우리 입장에서는 폐기물 처리에 가까운 현장은 생활정보지에 나와 있는 철거업체가 처리할 수 있도록 안내해 주고 있었다. 그러나 종종 자신의 입장만 내세우는 사람도 있어 현실적으로 많은 애로를 겪는다. 고독사 예방 문자를 받은 탓도 있지만, 지역별로 무연고자를 어떻게 처리하는지 공부도 할 겸 집주인과 방문 일정을 약속하고 말았다.

집주인이 불러준 주소를 따라 찾아간 곳은 3층 건물의 1층에 있는 두 개의 문 가운데 첫 번째 집이었다. 이곳은 30~40년 전 큰 공장이 있던 지역으로 골목마다 온통 공장에 근무했던 사람들이 살고 있는 탓에 주택가 인구 밀도가 상당히 높은 편이었다.

집주인 말에 의하면 임차인은 기초수급 대상자인데 2년 전 자신의 집으로 이사 왔다고 한다. 얼마 안 되는 임대료이지만 매달 계좌이체를 하므로 자신의 집에서 멀리 떨어진 이곳까지 일부러 올 일은 없었다고 한다. 그런데 최근 임차인이 집 근처 슈퍼마켓에 가던 중 길에서 쓰러져 구급대에 실려 가, 병원에서 한 달 만에 사망했다. 이후 시신을 인수하러 오는 사람이 없어 무연고 처리되었다.

집주인은 임대차 계약기간도 다 되었고 밀린 월세가 있어 남아 있는 보증금이 거의 없지만, 조금 남아 있는 보증금으로 고인의 짐을 모두 처분하면 새로운 임차인을 받아들일 수 있다고 했다.

오십대 중반의 비혼이었던 고인은 큰 공장에서 근무했었지만, 공장이 다른 곳으로 이전한 후 일용직을 전전하다 심혈관 질환 후유증으로 장애가 남아 말이 어눌했다고 한다. 그 후 그는 일정한 직업 없이 기초수급을 받고 생활했는데, 담배와 술을 즐겨 막걸리로 배를 채우는 경우가 많았다는 것이다.

중년 독신 남성의 방에는 이제는 그들의 상징이 되어 버린 누런 담요와 약 뭉치가 있었고, 냉장고 안에는 유통기한이 지난 봉지 김치와 달걀 몇 개가 전부였다. 밥을 취사한 흔적이 없는 말라 버린 싱크대, 편의점 도시락 껍질 몇 개와 빈 플라스틱 막걸리 한 병, 현관 입구 신발장 위쪽 벽에는 파출소에서 다녀갔다는 메모가 붙어 있었다. 두 평 남짓한 부엌 겸 거실에는 냉장고가 자리 잡고 있었고, 그 옆으로 세 포대의 20킬로그램짜리 쌀이 뜯지도 않은 채 쌓여 있었다. 왼쪽 화장실 입구에도 두 포대의 쌀이 더 있었다. 그런데 현관 출입구에도 같은 쌀 포대가 놓여 있었다. 누군가 최근에 가져다 놓은 것 같았다. 혼자 살고 있는 중년 남자 집에 있는 여섯 포대의 쌀, 21세기 대한민국 복지의 현주소였다.

집주인은 딱히 정리할 것도 없으니 모두 폐기해 달라고 요구했다. 그러면서 3층에 살고 있는 사람도 혼자라며 '에잇, 집 안에서 죽으면 안 되는데' 하고 탄식하듯 혼잣말을 했다.

우리와 견적 금액에서 많은 차이가 나는 것을 확인한 집주인은 예상대로 폐기물업체를 불러 처리했고, 나는 한 지역의 복지 수준을 확인한 것 같아 멋쩍은 발걸음을 돌려 사무실로 향했다.

한 달 후, 집주인에게서 다시 전화가 왔다. 그는 나에게 경찰관에게 내 전화번호를 알려주어도 괜찮은지 물었고, 아울러 경찰서에서 전화가 오면 현장을 다녀갔다고 말해 달라는 부탁도 함께 했다. 어이가 없었지만, 내가 본 대로 얘기하겠다고 대답하며 집주인에게 그 집에 누가 들어왔는지 물었다.

"아! 그 집요? 이번에도 오십대 중반의 혼자 사는 남자가 세를 들었네요."

그는 밝은 목소리로 나에게 자랑하듯 말하고 있었다.

냄새로 알려주는 고독사의 경고

일본에서는 대규모 자연재해로 임시로 지은 가설주택에서 고독사 문제가 먼저 대두되었다. 이 같은 죽음은 도시에서도 빈번히 일어난다는 것을 요시다 타이치가 유품정리를 하면서 발견했고, 이 책으로 세상에 알려졌다. 이후 충격적인 사실에 놀란 일본인들은 사회와 더불어 자신의 삶을 되돌아보게 되었다. 자연재해로 임시로 지은 가설주택에서 발생한 고독사는 열악한 주거 환경과 주민 간의 소통 부족, 그리고 복지 측면에서 접근해야 하는 것으로 파악한다. 반면 도시에서 발생한 고독사는 고도성장으로 인한 산업화와 도시화에 따른 전통적 가족 제도의 변화 때문인 것으로 파악한다. 즉, 핵가족, 저출산, 고령화라는 사회 문제와 인구구조의 변화에서 부작용으로 나타나는 현상으로 파악하여 저성장 시대로 가는 과정에서 폭발적으로 증가할 수 있는 위험에 노출되어 있다는 점에 주목한다. 이것을 상징적으로 나타내고 있는 것이 이른바 '단카이세대(団塊世代)'라고 하는 전후 베이비붐 세대이다.

이전까지 한국의 미디어는 '일본에는 고독사(孤獨死)가 만연하여 사회 문제가 되고 있다'는 제목으로 월드뉴스의 토픽을 짤막하게 소개했다. 그런데 이 책을 출판한 이후 미디어는 일본의 고독사를 본격적으로 다루었고, 같은 사례가 한국에는 없는지 찾기 시작했다. 그 후 그동안 드러나지 않았던 한국의 고독사 현장이 수면 위로 떠올랐고, 이에 언론은 고독사 현장의 처참하고 자극적인 장면 소개와 함께 정부의 대책 부족을 지적하며 집중적으로 이 문제를 다루었다. 그사이 언론의 지적에 직격탄을 맞은 정부나 지방자치단체는 다양한 대책을 쏟아냈고, 많은 사람이 고독사에 관심을 갖기 시작했다.

이 책으로 한국에 처음으로 일본의 고독사 실태를 소개한 지 10년이 지났다. 나는 일본과 같은 참상을 한국에서도 목격하는 동안 여러 일을 겪었다. 한편으로는 한국에도 이런 현실이 일어나고 있다는 것에 매우 놀랐다. 향후 고독사가 폭발적으로 증가할 것으로 예상되지만, 아무도 이런 위험 인자를 예상하지 못하는 것 같아 답답한 마음이 들기도 했다. 그러면서도 사실은 고독사에서 도망가고 싶었다. 내 인생이 고독사와 엮이는 것이 두려웠고, 내가 하고 있는 사업에도 마이너스 요인으로 작용했기 때문이다. 특히 고독사가 지니고 있는 부정적 이미지는 무역을 하고 대기업에 납품을 하는 나에게는 치명적이라 가급적 거리를 두려고 노력했다. 한국에서 책을 출판한 초반에는 몇 차례 미디어 인터뷰에 응했지만, 이후에는 특수 청소업체의 등장과 전문적으로 고독사를 다루는 사람들이 나타난 덕분에 한 발짝 떨어져 관망한 채 지냈다. 그사이 고독사는 한국 사회에서 불붙듯 번져갔다.

현재 한국에서도 많은 사람이 고독사 발생의 심각성을 느끼고, 예방을 위해 많이 노력한다. 통계를 작성하고 분석하여 그에 따른 대책을 강구하고 있지만, 이미 광범위하게 퍼진 고독사는 쉽사리 줄어들지 않는다. 이런 노력에도 고독사는 오래된 도시나 인구 밀도가 높은 지역에서 또 다른 부작용을 낳고 있다. 고독사의 자극적인 보도가 고령의 독거노인을 현재의 주거지에서 쫓겨나게 한 것이 단적인 예이다. 자신이 임대한 집에서 고독사가 발생할 것을 우려한 집주인은 장기간 살고 있는 노인의 집을 수리하지 않고 방치하여 불편하게 만들어 스스로 다른 곳으로 이사하게 만든다. 또 아예 노인에게는 집을 임대해 주지 않는 집주인도 있어 고령의 독거노인은 점점 나쁜 주거 환경으로 내몰린다. 노인에게 이사란 삶의 터전을 송두리째 뺏기는 것과 같다. 불편한 몸을 이끌고 다녔던 복지관과 한의원, 약국과 병원, 슈퍼와 시장 등 생활 속 인간관계를 한꺼번에 잃게 되고, 이사로 인해 갑자기 바뀐 환경에 적응하지 못해 고립되는 경우도 있다. 이는 고독사로 인해 새로운 고독사의 위험에 노출되는 것이다.

그동안 나는 애써 모른 척했던 고독사에서 완전히 도망가지도 못했다. 책이라는 것이 뱉고 나면 사라져 버리는 말과 달리 다음 세대까지 두고두고 연결되는 것이라서 책을 일일이 수거하여 제거하기도 쉽지 않았다. 일부러 고독사를 멀리할수록 뭔가 모르게 내 마음속에는 불편함이 남았다. 그것은 한국에서 고독사를 다루는 사람들이 일본과는 완전히 다른 양상으로 접근했기 때문이다. '뭐랄까? 고독사를 자신을 위해 다루고 있다고나 할까?' 그래서 이 책으로 한국에 고독사를 처음 소개한 사람으로서 뭔가 책임을 지지 않으면 안 된다고 생각했다.

그렇다면 내가 도망만 다닐 것이 아니라 문제를 정면으로 응시하고, 할 수 있는 범위 안에서 내 역할에 충실하자고 생각했다. 그래야만 최소한 나 스스로는 고독사에서 자유로울 수 있고, 떳떳할 수 있을 것 같았다. 나는 학자도 아니고 사회적으로 영향력 있는 사람도 아니다. 그러나 거의 15년 동안 일본과 한국을 오가며 고독사 현장과 일본에서 만난 여러 전문가에게 배운 것을 바탕으로 어떻게 하면 고독사를 조금이라도 줄여 나갈 수 있을지를 고민했다. 그것이 현재 같은 고민을 하는 누군가에게 혹시 도움이 될지도 모른다는 생각에 이 책을 재개정하자는 출판사 제의를 수락한 이유이다.

1. 고독사의 정의

고독사는 명확하게 정의할 수 없다. 일본도 마찬가지라고 말한다. 그러나 이 책에 소개된 다양한 사례와 현장 경험을 바탕으로 고독사를 "대개 혼자 사는 환자나 노인이 제대로 간호를 받지 못하고, 본인이 사는 집 안에서 돌연사하는 것을 말한다. 특히 발병 직후에 도움을 받지 못하고 사망할 때가 많기 때문에 죽은 후 오랫동안 발견되지 못하는 경우가 적지 않다."라고 어렵게 정의해 놓았다.

이 말은 일본에서 핵가족화된 1970년대에 독거노인이 사후 상당 기간이 지나 오랜만에 찾아온 친족에게 발견되었다는 사건을 언론에서 보도하면서 등장했다. 종종 같은 사례가 발생한 1980년대부터는 대중매체에 의해 반복적으로 사용되는 단어이다. 고독사는 법적으로 명확한 정의가 없다. 엄밀히 말하면 경찰청의 사인 통계상으로는 변사로 분류된다. 그러나 최근 학술적으로도 사용하는 Kodokushi(고독사)는 사망 장소가 어디냐에 따라 결정하는 것도 아니고, 사망 후 늦게 발견했느냐 아니냐를 구분하는 것도 아니다. 쉽게 말해 고독사는 한 장의 변사 사건 사진처럼 결과만 나타내는 말이 아닌 포괄적 상황을 표현한 것으로 해석된다.

여기에 대해 일본에서 고독사를 사회적 문제로 대두시킨 요시다 타이치는 그의 책(『おひとりさまでもだいじょうぶ』, 吉田太一, ポプラ社, 2008.10.17.)에서 아래와 같이 얘기한다.

고독사를 한마디로 표현하더라도 몇 가지 다른 케이스가 있다. 일정한 직업 없이, 가족도 친구도 없고 사후 몇 주간 누군가에게 발견되지 않은 케이스. 이것은 "고독사"라고 하는 것보다 "고립사(孤立死)"라고 하는 편이 정확할지도 모른다. 또한 가족이나 친구가 있어도 "무소식이 희소식"뿐인, 그래서 이런 죽음을 좀처럼 알아채지 못하는 케이스도 있다. 고독사 현장에는 그 방의 모습이나 유품이 고인의 생애를 웅변하고 있다. 고인이 고독사에 이를 수밖에 없었던 이유까지 엿볼 수 있다. 그런데 여기에는 몇 가지 공통점을 찾아낼 수가 있다. 숨을 거두는 순간에 혼자인가 혼자가 아닌가가 고독사인가 그렇지 않은가를 분간하는 것은 아니다. 인생의 종반, 고독한 생활이 있었는가 그렇지 않았는가가 고독사인가 아닌가를 분간하는 것이라고 생각한다. 보통 고독감을 안고 생활하는 사람이 우연히 누군가의 간병을 받았다고 현실에서는 고독사가 아니라고 생각하지 않는다. 그래서 나는 우리가 고독사의 현실을 알고, 그렇지 않기 위해 스스로 생활방식을 찾아 조금씩이라도 실천해야 "의미심장한 더 나은 삶"으로 연결된다고 이해하고 있다.

일본의 행정기관도 이 같은 사회 문제에서 "고립사"라는 표현을 자주 쓰고 있다. 이것은 결과보다 고독사의 원인에 포커스를 둔 것으로 내각부의 "아무도 지키지 않고 숨을 거둔 후 상당 기간 방치하는 비참한 고립사"라거나 후생노동성의 "고립사 제로 프로젝트"라는 표현에서 사용하고 있는 것처럼 일본에서 고독사는 고립사와 함께 다루어지고 있다.

2. 고독사의 실태 파악

고독사는 정의를 내리기 어렵기 때문에 획일적인 통계도 내기 어렵다. 따라서 일본에서는 고독사의 증감 변화 추이를 파악하기 위해 지역별 또는 기관별로 각각 다른 기준을 설정해서 실태를 파악한다.

어떤 지역에서는 자택에서 사망 후 48시간을 기준으로 통계를 내는가 하면, 또 다른 지역은 사후 4일이 경과하여 발견된 경우를 고독사로 간주한다. 또 도쿄의 한 기관은 고독사를 "이상사(異状死) 중 자택에서 숨진 독신자"로 정의하고, 사망 당시의 시점에서 처음부터 병사로 알고 있는 경우는 "자연사"이지만 자살, 사고사, 사인 불명(여기에는 당연히 병사도 포함)은 "이상사"에 해당한다고 파악한다. 그래서 사망 당시 나이와 사후 경과 시간의 상관관계를 파악하는 등 고독사의 질적 특징에 관한 중요한 자료를 제시한다.

일본의 고독사 실태 파악은 이처럼 공공기관뿐만 아니라 민간 분야에서도 활발히 진행한다. 한 민간단체의 연구에 따르면 고독사를 고립사와 구분하여 "사후 자택 안에서 사망한 사실이 판명된 독신자"를 고독사로 정의하고, 사망해서 발견할 때까지 경과 시간을 따지지 않는 경우도 있다. 이 자료에서는 고독사자의 평균 연령을 남성과 여성으로 구분하여 일본인의 평균 수명보다 얼마나 빨리 사망했는지 조사했다. 이 자료를 근거로 남성과 여성의 비율과 사망자를 발견할 때까지 경과 일수, 최초 발견자, 직업과의 관계 등을 성별로 구분하고, 남자와 여자에 따라 고독사에 이른 원인을 파악하는 데 좋은 자료를 제시한다.

이처럼 고독사는 정의가 어렵기에 획일적인 통계자료를 작성하기도 힘들다. 어쩌면 명확한 정의나 통계가 없는 것은 당연하다. 그렇지만 실태 파악을 게을리하면 정확한 원인을 분석하거나 대책을 세울 수 없다. 따라서 경찰청, 법의학자, 의사협회, 보험협회 등 각 기관과 민간의 활동 영역과 활용 목적에 따라 다양한 연구와 도움이 반드시 필요하다. 다만 여기에서 작성된 통계자료는 현상 파악에 그쳐서는 안 되고, 반드시 변화의 추이와 증감 속도를 파악할 수 있는 자료여야 한다. 고독사는 현상을 파악하는 것도 중요하지만, 향후 예상되는 위험을 예측하여 미리 대처하지 않으면 안 되기 때문이다.

3. 고독사는 가해자가 없다

고독사는 마치 고두밥을 지어 맛있는 술을 담글 때, 술을 짜내고 남은 고두밥처럼 현대사회가 산업화, 도시화되면서 나타난 현상이다. 모두가 맛있게 익은 술을 마시며 즐기는 사이 꽉 짜낸 고두밥은 생각지도 못한 찌꺼기를 남긴다. 적당히 만족하고 즐겼더라면 해결할 수 있었던 일을 경쟁하듯 서둘러 진행하는 바람에 감당할 수 없을 만큼 큰 문제를 낳은 것이다. 그런데 고독사는 고두밥 찌꺼기와는 비교할 수 없을 만큼 큰 피해를 끼친다.

먼저 고독사 현장에는 시신을 양분으로 먹고 자란 구더기와 파리가 가득하고, 시체가 썩으면서 발생한 냄새 때문에 벽지와 마루 같은 외장재는 다 뜯어내야 한다. 또 흘러내린 시체 일부는 콘크리트 바닥까지 스며들어 복구와 냄새 제거에 많은 노력이 들고, 시간도 오래 걸린다. 게다가 현장에 있던 가구와 가전제품, 그리고 살림살이는 시취가 배어 하나도 쓸 수 없어 모두 버려야 하므로 어마어마한 쓰레기를 발생시킨다. 결국 이 공간은 다른 사람이 사용할 수 없게 되고 장기간 비워 두게 되어 집주인에게는 경제적 손실을 입힌다.

이처럼 고독사가 발생한 현장은 물질이나 금전적 손해뿐 아니라 사람에게도 정신적으로 큰 상처를 남긴다. 시신 발견 후 사인을 밝혀야 하는 경찰관과 법의학자는 처참한 광경을 목격하고, 가족 중 누군가는 부패하여 녹아내린 고인의 얼굴을 보며 신원을 확인해야 한다. 또 장례를 위해서는 끔찍한 시신을 깨끗이 닦아 관에 넣어야 하는 등 관련 업무 종사자까지 모두 다 보지 않았으면 좋았을 장면을 어쩔 수 없이 보게 만든다. 이런 처참한 광경을 목격한 사람은 한동안 강한 트라우마에 시달려 정상적인 생활에 지장을 초래하기도 한다.

그렇다고 고독사는 뚜렷한 가해자가 있는 것도 아니다. 당사자들 모두 피해자이다. 고독사한 부모를 둔 자녀는 부모를 돌보지 않은 불효자 취급을 받고, 형제나 자녀의 고독사는 가족을 내팽개친 사람으로 매도되고 만다. 이웃의 고독사는 인정 없는 지역으로, 임차인의 고독사로 인해 돈만 밝히는 고약한 집주인으로 전락해 버리고, 정부와 지방자치단체는 국민을 살피지도 않는 무능한 공공기관으로 낙인찍히는 것이다. 고독사를 당한 고인 역시 뜻하지 않게 고독사가 발생하여 인간관계에 문제가 있는 사람이 되어 버린다. 자신이 살아 있을 때는 이런 일이 일어나리라고 짐작조차 하지 못했을 텐데, 이제는 아니라고 항변할 수도 없다. 이처럼 고독사는 모두를 피해자로 만들어 버린다.

어떠한 사회 현상이 뚜렷한 가해자 없이 모두가 피해자라고 한다면, 이런 현상을 없애기 위해 공동으로 노력해야 한다. 그것은 정부나 공공기관, 한 사람이나 몇 사람의 힘만으로는 결코 없앨 수 없다. 오랜 시간 많은 정책과 사람들의 노력을 통해 산업화, 도시화가 진행된 것처럼 다시 역으로 고민하고 노력해야 한다. 그렇기에 고독사의 원인을 면밀히 파악하고, 증가 속도를 늦추거나 마이너스로 바꾸는 것이 더 중요하다. 이것은 현대사회가 어떤 목표를 두고 나아가야 하는지 방향을 제시하는 시그널이 될 수 있다.

4. 고독사의 유형

고독사는 1인 가구의 증가로 나타난 문제이다. 하지만 결코 1인 가구에 국한된 문제는 아니다. 일본과 한국에서 이런 사례를 많이 봤지만, 특히 노인을 방치하는 학대나 자녀가 부모를 원망하여 방문을 열 수 없도록 만든 경우처럼 가족과 함께 살아도 고독사가 의외로 많이 발생한다. 이런 유형의 고독사는 1인 가구보다 더 큰 위험 요소를 포함하며, 잘 드러나지 않기 때문에 각별한 주의가 요구된다.

또 1인 가구라고 해서 모두 다 고독사의 위험에 노출되었다고 할 수도 없다. 물리적으로 홀로 있다고 해서 반드시 외로운 것은 아니기 때문이다. 예를 들어 창조적으로 혼자 있는 상황을 인위적으로 만든 즐거운 고독의 상태(solitude)는 외로움의 감정(loneliness)을 느끼지 않고 오히려 행복한 감정을 느낀다. 공부를 위해, 자신의 목표를 위해 일시적으로 1인 가구를 선택했다고 해서 고독사 위험에 노출되었다고 할 수 없다. 즐거운 고독의 상태를 고독사 위험에 노출되었다고 한다면 자칫 개인의 프라이버시를 침해할 소지가 다분하다.

만일 고독사의 원인을 1인 가구에서 찾으려 한다면 1인 가구가 왜 증가할 수밖에 없었는지부터 시작해야 한다. 이는 분명히 핵가족, 저출산, 고령화라는 사회적 구조와 연관이 있다. 따라서 반드시 사회학적 접근이 필요하다. 그뿐만 아니라 고독사는 현대인의 라이프스타일과 정신 건강과도 밀접한 관계가 있는 만큼 고독사 발생을 유형별로 파악하여 다양한 시각에서 접근해야 한다.

5. 고독사의 위험성

일본에서 고독사 문제는 '단카이세대'와 '버블붕괴'라는 단어를 빼

놓고는 설명할 수 없을 정도로 상징이 되어 버렸다. 단카이세대는 전후 일본의 베이비붐 세대로 '덩어리'라는 뜻이다. 그들만의 독특한 문화와 사고방식, 생활 습관을 가지고 있으며 산업화와 도시화, 고도성장에서 가장 많은 혜택을 받고 자란 세대이다. 이런 세대가 갑자기 일본의 버블붕괴라는 생각지도 못한 경제 상황을 맞게 되었다. 개인과 사회가 아무런 준비 없이 돌발 상황이 발생함으로써 지금까지 살던 것과는 완전히 다르게 살아야 하는 상태에 놓이게 되었다. 게다가 이 세대의 은퇴와 맞물려 본격적으로 고령화가 진행된 것이다. 급격한 인구 변화와 가치관 변화, 여기에 전통 사회의 가족 개념이나 사회 구조가 바뀜으로써 사회와 구성원 모두 극심한 혼란을 겪는다. 이런 현상이 복합적으로 고독사라는 결과로 나타난다고 해도 과언이 아니다. 거꾸로 말하면 이런 사회 현상을 해결할 수 있는 방안으로 고독사를 중심에 둔다고 할 수 있다.

한국에도 일본의 단카이세대와 너무도 흡사한 베이비붐 세대가 있다. 게다가 지금까지 고도성장한 한국 경제는 저성장 국면으로 전환될 위험에 노출되었고, 많은 경제 전문가가 자칫 일본의 버블붕괴처럼 경제 상황이 닥칠지도 모른다고 예측한다. 그래서 나는 10년 전 이 책에서 처음으로 고독사를 소개하면서 한 미디어 인터뷰에서 일본의 단카이세대와 한국의 베이비붐 세대의 유사성을 언급했다. 당시 베이비붐 세대가 사십대 중반의 나이이기 때문에 미리 대비하지 않으면 안 된다고 강조했다. 그런데 10년이 지난 지금, 한국은 또 다른 문제를 안고 있다. 본격적으로 베이비붐 세대의 은

퇴가 진행되었고, 베이비붐 주니어들이 대거 노동 시장에 진출했다. 이로 인해 일본에 있던 문제뿐만 아니라 만혼과 청년 실업, 가족 붕괴 등 복합적인 문제를 안고 있는 상황에 놓여 있다. 여기에 일본 같은 경제적 문제까지 가중된다면 쓰나미처럼 무서운 결과를 초래할 수 있다. 그렇기에 한국의 고독사는 이런 관점에서 좀 더 면밀히 들여다봐야 한다.

6. 지역적 편차

일본의 고독사를 쉽게 이해할 수 있는 지역이 있다. 요코하마이다. 개항 직후부터 요코하마는 상업 도시로 급격히 발전했다. 1차 산품 수출을 중심으로 성장을 계속한 요코하마는 개항 몇 년 후부터는 직물을 중심으로 수입도 발전했다. 이후 무역을 확대하면서 인구가 급증하고 일상 소비 물자의 수요도 급격히 높아져 요코하마는 관동에서 가장 교통이 발달한 도시가 되었다.

당시 기록에 따르면, 요코하마에서는 다양한 직업 가운데 운수 관계의 직업이 가장 유행했다. 짐을 하역하고 운반하는 일에는 많은 사람이 필요했던 것이다. 시내 슈우지구(寿地区)라는 곳에는 약 9천여 개의 간이 숙박촌이 생겼고, 성수기 1만 명 이상의 거주자가 넘칠 정도로 고도성장의 과실을 맛보기도 했다.

그런데 산업과 자동차 발달은 운수업에도 변화를 가져왔다. 노동을 기계나 장비가 대신하게 된 것이다. 현재 이 지역은 빈집이 2할일 정도로 인구가 감소했고, 고령화가 진행되어 주민 둘 중 한 명은 60세 이상이다. 8할이 생활 보호를 받고 있다. 최근 이 지역에서 연간 약 100~150명이 고독사를 한다고 추산하고 있다. 이처럼 요코하마는 산업의 흥망성쇠에 따른 고독사 발생의 단적인 예를 보여준다.

요코하마와 비슷한 지역이 한국에서는 부산이다. 그래서 부산은 가장 먼저 고독사가 많이 발생하는 도시로 철퇴를 맞았다. 부산의 고독사 발생을 복지 정책의 사각지대 문제로만 본다면, 다음에 벌어질 상황을 예견하지 못해 더 큰 문제를 야기할 것이다. 고독사는 반드시 다음 상황을 예견하게 하는 시그널로 작동하기 때문이다. 부산의 고독사 경고를 바탕으로 다음은 어느 지역이 될지 예측하지 않으면 안 된다.

7. 증가하는 비혼, 미혼, 이혼, 독신

앞에서도 언급했지만 고독사는 1인 가구의 증가와 무관할 수 없다. 그렇다면 1인 가구의 증가 원인을 면밀히 들여다봐야 한다. 고독사 문제는 지금 일어나는 현상 파악도 중요하지만, 앞으로 폭발적으로 증가할 원인을 파악하여 미리 대책을 강구하는 것이 문제의 핵심이기 때문이다.

이 부분에 대해 일본의 고독사 전문가 요시다 타이치와 동경대학

교 우에노 치즈코 교수 두 사람의 표현(『おひとりさまでもだいじょ うぶ』, 吉田太一, ポプラ社, 2008.10.17.)을 빌리면, "독신"을 한데 묶어 버리는 것이 문제로 실제로는 남녀 사이에 엄청난 차이가 있 다고 말한다. 데이터 통계로 보면, "독신 여성"은 압도적으로 "무연 금, 저연금, 빈곤" 등 빈곤율이 굉장히 높다. 반면에 "독신 남성"은 "외로움, 고립, 은둔형 외톨이" 등 인간관계에 문제가 많다. 그나마 현재 노인들은 기혼율이 높지만, 55~65세 "독신"은 20대부터 쭉 "독신"인 사람이 많다. 이른바 단카이세대 이후 세대의 문제이다.

이런 종류의 독신은 부양할 가족이 없어 열심히 일하지 않아도 되 고, 장밋빛 미래의 성장 세상에서 살았기 때문에 그만큼 걱정도 없 었다. 그런데 갑자기 세상이 불경기로 바뀌었다. 이런 상황에서 문 득 자신을 돌아보면 예금도 없고, 자산도 없고, 가족조차 없이 오십 을 넘긴 것이다. 그 나이에 맞는 일자리는 줄어드는데, 주위를 둘러 보니 자신은 이미 돌이킬 수 없는 상태에 처한 것을 발견하고 점점 스스로 고립되어 간다.

여기에는 나이, 경제 계층, 성별 등 여러 문제가 겹쳐 있다. 그나 마 고령자의 "독신"에 관해서는 개호보험이 생기면서 행정으로 지 원을 받게 되었지만, 개호보험의 대상이 되지 않는 65세 이하는 어 느 누구의 간섭도 받지 않기 때문에 서서히 고립되고, 고독사 위험 에도 노출되어 있다. 특히 학교를 졸업한 후 65세가 될 때까지 장시 간 정사원으로 근무하지 않은 경우는 스스로 자신을 누군가에게 알 리려는 노력도 하지 않고, 간섭도 받지 않아 방치 상태가 계속 이어진다. 현재는 파견이나 일용직 형태로 일하는 사람이 증가하고 있는 것을 감안할 때, 방치되는 사람이 늘어나는 셈이다. 이대로 가면 조만간 고독사가 폭발적으로 증가할 여지가 높다. 이른바 고독사 예비군이다.

그런데 여기서도 "독신 남성"은 "계속싱글(생애비혼인자)"과 "싱글어게인(이별, 사별자)"으로 구분해서 봐야 한다. 생애비혼인자부터 이야기하면, 현재 남성의 비혼 비율은 굉장히 높아 사십대의 약 20%가 미혼이라는 것이다. 그런데 현재 이십대, 삼십대 상황에서 본다면 이 비율은 점점 올라간다. 심지어 일본은 2025년에는 "남성 네 명 중 한 명이 생애비혼인자일 것"으로 예측한다.

또 "싱글어게인"에 대해서는 스무 쌍 중 한 쌍이 이혼할 정도로 점점 이혼율이 높아지는 현상을 눈여겨봐야 한다. 그런데 이혼할 때 대부분의 남성이 양육권을 포기하거나 면접권도 요구하지 않아, 이혼으로 가정이 붕괴해 버리고 만다. 이혼할 때 여성이 친권을 가지는 비율이 약 80%에 달하는 점이 이를 반증한다. 남성은 결혼하고 아이도 만들었는데 정신을 차려 보니 혼자가 되어 버린 독신이 늘고 있다. 그런데 문제는 이처럼 비혼율이나 이혼율은 앞으로도 계속 증가하여 "독신"도 점점 증가할 것이라는 예측이다.

이 부분만 보더라도 한국에서 현재 45~55세에 해당하는 베이비붐 세대 이후의 세대가 어떠한 위험에 직면해 있는지 유추할 수 있다. 일본처럼 상황이 일정한 간격으로 되풀이되고 있기 때문이다.

8. 고독사 관련 문제

　고독사와 관련하여 한국 사례에서 소개한 사연처럼 노인학대와 노노케어(老老介護: 초고령화 사회가 되면서, 노인이 자신의 다른 노인 가족을 케어하는 것을 말한다.) 등 고령화로 인한 문제도 있지만, 그중 특히 강조하고 싶은 유형이 있다. 소위 '동반 자살'로 잘못 표현되는 '살인 후 자살'에 관한 문제이다. '살인 후 자살'은 노인 부부가 간병이 필요한 배우자를 먼저 살해하고 잇따라 자살하는 경우나 어린 자녀를 먼저 살해하고 자살하는 부모 등 다양한 유형으로 발생한다. 이런 유형의 사망이 빈번히 발생하는 것은 핵가족이 불러온 가족 개념의 변화에 따른 부작용 때문이다. 또 여기에는 살인 후 자살에 실패한 경우와 가족을 살해하는 행위가 살인에 도달하지 아니하고 미수에 그칠 경우에는 나머지 가족마저 심각한 후유증을 안고 살아가야 하기 때문에 직접적으로 고독사와 연관이 있다.

　이유가 어떻든 '살인 후 자살'은 명백한 범죄 행위이다. 그렇기에 어떠한 경우라도 정당화될 수 없다. 특히 이 문제는 가족 안에서 발생하기 때문에 사전에 이상 징후를 파악하거나 함부로 간섭할 수도 없어 사회적 인식과 가족에 대한 올바른 개념 정립이 무엇보다 중요하다. 가족 구성원을 자신의 소유물로 여기거나 자신이 아니면 안 된다는 잘못된 생각 때문에, 동반 자살이라고 하는 극단적 선택은 마지막에 자살한 사람에게 면죄부를 주는 것 같은 인상을 줄 수 있다. 따라서 '동반 자살'은 절대 사용하면 안 되는 표현으로 반드시

'살인 후 자살'이라고 말해야 한다. 아울러 이런 위험이 있는 가정을 사전에 발견하는 일을 국가와 사회가 게을리해서는 안 된다.

9. 고독사의 예방

나는 오랜 기간 이 책의 저자와 동행한 덕분에 일본에서 다양한 분야에 종사하는 사람들을 만나 얘기할 수 있었다. 그리고 그들이 고독사 예방을 어떻게 전개해 나가고 있는지 지켜볼 수 있는 좋은 기회도 얻었다. 이 글을 쓴 이유와 동기가 된 것으로, 한마디로 요약하면 일본은 다양한 분야에서 마치 케이크를 자르듯 도려내어 자신의 역할에 맞는 노력으로 고독사 문제를 해결하고 있음을 본 것이다. 예를 들어 전자 회사는 가전제품에 고독사 방지를 위한 센서를 부착한다거나, 요구르트 회사나 신문사는 배달할 때 이상 징후를 포착하여 공공기관에 연락하는 등 업무 영역에서 기업의 사회적 책임으로 고독사를 예방하고 있었다. 법의학자는 자료를 분석하여 통계를 내고, 의료계는 신체와 정신 건강 측면에서 고독사에 접근하고 학계는 사회학적 또는 평생 교육과 사회 체육 등 각 분야에서 고독사를 줄일 수 있는 방법을 제시하여 각각 실천한다. 또 현장 경험이 있는 사람의 고독사 예방 강좌를 통해 사회복지사와 민생위원, 자원봉사자에게 고독사 위험성을 주지하고, 지방자치단체는 고독사를 예방할 수 있는 다양한 프로그램을 개발하는 등 활동을 펼친다. 게다가 개인이 고독사에 도달할 수 있는 고립의 위험을 스스로 인지할 수 있도록 계몽 성격의 교육을 통해 전국적으로 전개해 나가고 있다. 또 소설, 만화, 미술, 음악, 영화 등 문화계는 가족과 이웃, 생명의 소중함을 일깨우며 이를 뒷받침하고 있다. 그 처음과 마지막을 복지가 담당한다. 마치 한 사회가 거대한 퍼즐을 짜 맞추듯 움직인다는 느낌을 받았다. 이것이 가능하도록 정부는 큰 그림을 그리듯 다양한 분야의 기관과 사람들이 고독사 예방을 위한 노력을 효과적으로 할 수 있도록 방향을 제시한다. 그리고 전국적으로 사례를 수집하여 공개함으로써 자신의 지역에 맞는 방법을 스스로 선택할 수 있도록 지원해 준다. 이것이 후생노동성의 '안심생활 창조사업 3대 원칙'을 기초로 한, 이른바 '고립사 제로 프로젝트'이다.

10. 고독사를 자신의 일로 생각하라

나는 일본에서 이 책의 저자인 요시다 타이치의 강연을 자주 따라다녔다. 그는 늘 강연에서 아래와 같이 강조한다.

고독사는 혼자 사는 사람의 상징이 아니다. 누군가와 함께 살고 있어도, 마음이 떨어져 있는 경우가 많은 시대이다. 고독사를 하지 않기 위해 마음이 맞지 않는 사람과 동거하거나 누군가와 인위적으로 관계망을 형성한다는 것은 이상한 얘기이다. 게다가 현재 1인 가구가 아닌 사람도 멀지 않은 가까운 장래에 1인 가구가 될 가능성은 많다. 이런 현상은 저출산, 고령화, 핵가족으로 인해 앞으로 더욱 증가할 것이다.

그렇다고 현재 1인 가구이거나 1인 가구가 될 것이라고 해서 결코 불행하거나 비관할 것도 없고, 더구나 다른 사람과 함께 살고 있는 사람보다 뒤떨어지는 것도 아니다. 오히려 앞으로 인간이 살아가는 형태의 하나로서 새로운 시각을 보여주는 것이다.

사람이 가깝게 모이면 이런저런 문제가 발생하기 쉽다. 가정에서, 학교에서, 직장에서, 동료 사이에서 말이다. 자아가 단단히 확립되어 있지 않은 사람은 곧 어리광과 친밀함에 의존한다. 그것이 애정이라고, 터무니없는 착각을 하고 있는 사람도 많을 것이다. 그렇지만 "혼자 사는 사람"은 다르다. "혼자 사는 사람"으로 생을 마칠 수 있다는 것은 인간으로서 제대로 개인의 자아를 확립하고 자립할 수 있다는 견해도 있다. 이상적인 것은 경제적으로는 물론 정신적으로도 주위에 의존하지 않고 균형 잡힌 애정을 줄 수 있는 사람, 그리고 자신의 일도 제대로 할 수 있는 사람이다. 이것은 인간으로서 매우 완성도 높은 것이라고 생각한다.

현재는 젊은이들이 어떻게 살아야 하는지 어른들이 명시하지 못하고 방황을 계속한 지 오래되었다. 이런 '혼자 사는 사람'의 이상형이 사람으로서 더 나은 삶을 살기 위한 본보기가 될 것을 사회는 요구한다. 지금 "독신"인 사람도 "독신예비군"인 사람도 가슴을 펴고 그런 '독신'을 목표로 하지 않을까? 일상을 활기차게 보내는 "홀로 사는 사람"이 많은 사회, 그것은 밝은 미래를 진심으로 믿을 수 있는 진정으로 행복한 성숙된 사회라고 할 수 있지 않을까?

11. 고립사를 당하지 않는 방법

이 책과 함께한 10년 동안 사회적으로도 개인적으로도 참 많은 일이 있었다. 아무도 관심을 두지 않았던 고독사 문제의 심각성을 제기하여 사회적으로 관심을 갖게 만들었지만, 스스로는 원룸과 쪽방, 고시원으로 전전하며 고독사 위험에 빠져 허우적거린 시간도 있었다. 다행히 한국 사회도, 나 자신도 고독사 위험에서 빠져나와 정상궤도를 달리고 있지만, 언제 다시 이런 위험에 빠질지 모른다. 게다가 한국은 아직 일본이 경험한 장기불황을 겪지 않았다. 물론 IMF라는 환란을 통해 경제 문제가 국가적으로 어떤 결과를 초래하는지 이미 경험해 봤지만, IMF는 개인의 문제보다 기업의 문제가 컸기 때문에 '금모으기 운동' 같은 우리 모두의 노력으로 빠르게 극복할 수 있었다.

고독사는 개인과 사회의 문제이다. 이 문제는 현재가 아니라 다가올 미래에 대한 것으로 개인과 사회가 고독사 예방에 공동으로 노력하지 않으면 안 된다는 것을 고인들은 자신의 몸을 던져 냄새로 경고한다. 다시 말해 고독사는 시그널이다. 그렇기 때문에 자신도 고독사의 대상이 될 수 있다고 하는 경각심에서 출발해야 한다. 건강한 생활을 하기 위해 자신이 어떤 삶을 살아야 할지 생각해야 한다. 또 사회 전체에서 고독사가 발생하지 않도록 각자 자신의 위치에서 역할에 맞는 힘을 보태지 않으면 안 된다. 여기에는 계몽적 성격의 교육도 필요하다. 자신의 생각으로만 고독사를 예방하는 것이 아니라 나와 주변 사람들이 고독사하지 않도록 실천하는 것이 무엇보다 중요하다.

사회학적 접근으로 원인을 파악하여 라이프스타일과 지역 커뮤니케이션을 회복하는 다양한 방안을 검토하고, 복지 측면의 예방도 고려해야 한다. 평생 교육과 사회 체육의 활성화로 신체와 정신 건강을 유지해야 하며, 적극적인 지역 사회의 소모임에 참여함으로써 사회적으로도 건강한 삶이 요구된다. 게다가 정신적 또는 정서적으로 고립되지 않도록 병원 정신과에 대한 인식도 바뀌어야 하고 정신과 전문의들의 역할도 요구된다. 정신 질환을 감기 같은 질환으로 인식하여 가까운 지역의 전문가와 수시로 상담하는 분위기와 그 처방에 따라 치료를 해야 한다.

그러나 이런 정신 건강도 경제적 건강이 바탕이 되지 않으면 안 된다. 그러므로 현재 자신의 형편보다 과한 지출이나 과도한 욕심을 버리고 자신의 소득에 맞는 적절한 경제 생활이 필요하다. 다른 사람과 비교하는 사고에서 벗어나 자기 성찰을 통해 스스로 자존감을 회복하고 작은 행복을 찾음으로써 정신·신체·사회·경제적으로 균형을 유지해야 한다. 이를 바탕으로 사회 구성원이 각 분야에서 각자 건강한 생활을 해야 한다. 그리고 어떻게 하면 고독사 피해를 줄일 수 있는지 고민하고 실천으로 옮긴다면 고독사는 반드시 사라질 것이라고 생각한다.

　이처럼 모두의 노력과 실천으로 한국에서 고독사가 완전히 사라지다면 우리나라에 고독사를 처음 소개한 사람으로서 이 굴레에서 조금은 마음 편히 벗어날 수 있을 것 같다. 아무쪼록 이 책이 한국에서 고독사를 예방하는 데 작은 보탬이라도 되었으면 좋겠다.

고독사를 예방하기 위한 종합대책이 필요하다!

고독사하기 쉬운 유형의 사람 출처 : 『혼자라도 괜찮아요』, 요시다 타이치, 후소사

- ☐ 망가진 가전제품을 그대로 방치하는 사람
- ☐ 표정이 없는 사람
- ☐ '외롭다'라고 말할 상대가 없는 사람
- ☐ 반려동물을 너무 좋아하는 사람
- ☐ 인터넷에 의존하는 사람
- ☐ 이혼을 후회하고 있는 사람
- ☐ 매일 먹는 편의점 도시락이 아무렇지도 않은 사람
- ☐ 동창회를 싫어하는 사람
- ☐ '자신은 옳다'라는 의식이 높아 다른 사람의 의견을 모두 부정하는 사람
- ☐ 인생의 흥미를 잃어 '하고 싶은 것'이 곧바로 떠오르지 않는 사람
- ☐ 유통기한이 만료된 식품을 버리지 않는 사람
- ☐ 동전을 방 여기저기에 두고 방치하는 사람
- ☐ 자신이 불행하다고 믿는 사람
- ☐ 나쁜 일은 모두 누군가의 탓으로 돌리는 사람
- ☐ 가족 간에 지나치게 사이가 좋은 사람

고독사에 이르게 되는 이유

　고독사에 이르는 데에는 몇 가지 이유가 있다. 나는 오랜 시간 고독사 현장을 목격하면서 거기에는 많은 공통점이 있다는 것을 깨닫게 되었는데, 내가 목격한 고독사 현장은 이런 상태였다.

- ☐ 쓰레기가 바닥에 흩어져 있다.
- ☐ 바닥이나 가구 위 등 곳곳에 먼지가 쌓여 있다.
- ☐ 방 안에 정리되지 않은 옷가지가 널브러져 있다.
- ☐ 이부자리가 갈색으로 변색되었다.
- ☐ 화장실과 부엌이 더럽다.
- ☐ 유리창이 깨진 채로 있다.
- ☐ 망가진 가전제품이 그대로 있다.

　더 많은 예를 들 수 있겠지만, 고인은 대부분 이런 방에 살고 있었다. 왜 그럴까?

　바로 '생활의 기준'을 놓친 상황에 처한 것이다. 예를 들면 인간은 컨디션이 나빠지면 병원에 가든지, 휴식을 취하든지 해서 몸을 건강한 상태로 되돌리기 위한 액션을 취한다. 건강은 인간다운 생활에 필요한 것이기 때문이다. 일반적으로 인간은 이런 '생활의 기준'을 유지하고자 하는 의식 속에서 생활하고 있다. 때문에 그 기준에 어긋나게 되었을 때에는 자연스레 되돌리려는 행동을 하게 된다.

가전제품의 상태가 좋지 않을 때는 수리 센터에 의뢰해 수리해 달라고 하거나 새로 구입한다, 쓰레기가 나오면 치운다, 더러워지면 닦는다, 이 모든 것이 생활의 기준을 유지하려는 행동이다.

그런데 언제부터인가 어떤 계기로 인해 그 행동을 하지 않게 되었다고 해보자. 월요일 아침에 쓰레기를 버리러 가는 것을 잊은 것은 소소한 일에 불과할지도 모른다. 처음에는 그저 '좀 귀찮네' 정도의 가벼운 마음이었을 수도 있다. 그러나 그 작은 생각이 사람을 커다란 함정에 빠트린다.

인간은 '순응하는 생물'이기도 하다. 이윽고 그 '어긋난 기준'에도 순응해 버리는 것이다. 그렇게 되면 원래 상태로 되돌리는 것은 극히 어렵다. 되돌리기는커녕 '되돌리지 않으면 안 된다'라는 사고 자체를 할 수 없게 된다.

"잡히지 않는 채널은 안 봐도 돼."

"더러워지면 만지지 않으면 되지."

"물건이 없어지면 안 쓰면 그만이야."

이렇게 되면 인간은 좀처럼 본래의 '삶의 기준'을 찾아 돌아올 수는 없다. 동거인이 있다면 그런 상태를 용납하지 않을 것이다. 그러나 '혼자 사는 경우'에는 아무도 간섭하지 않는다. 더러워진 집은 사람으로부터 기력을 빼앗는다. 그런 집에는 아무도 초대하지 못할 테니 인간관계를 맺는 것도 점점 하지 않게 된다. 그때부터 고독사라는 어둠에 질질 끌려가게 되는 것이다.

중앙정부 차원의 컨트롤타워가 필요하다

개인도 그렇지만 사회도 마찬가지다. 사회도 공공질서의 기준을 잃어버리고 복원력을 상실하게 되면 공존의 기본이 되는 질서를 바로잡기 힘들다. 법과 질서를 지키는 사람이 오히려 손해를 본다는 생각이 팽배해지면 누구도 법을 지키려 하지 않는다. 자신의 이익을 위해 공공은 아랑곳하지 않고 잘못된 가치관이 횡행한다. 이런 사회는 안정화되지 못하고 혼란을 겪게 된다.

아무도 간섭하는 사람 없이 혼자 사는 사람처럼 사회도 기준을 상실하게 되면 어떤 사회현상에 대해 무감각해진다. 이런 현상이 심화되면 원인을 알 수 없는 고독사는 증가하고 해결책을 찾으려는 노력을 기울이지 않게 된다. 최근 고독사예방팀을 신설했던 한 지방자치단체가 전담팀을 해체한 것 역시 이와 무관하지 않다.

원인을 제대로 파악하면 고독사는 반드시 줄일 수 있다. 일본은 고독사를 개인과 사회의 문제로 보고 범정부 차원의 대처를 하고 있는 반면, 우리나라는 고독사를 다룰 중앙정부 차원의 컨트롤타워가 없다. 그러다 보니 원인조차 파악하지 못하는 실정이다. 사회의 기준이 없어 제대로 된 현상을 파악하지 못하고, 지방자치단체별로 무연고사를 고독사와 혼동해 오히려 사회적 혼란을 야기하고 있다.

일본은 한 해 약 3만 2,000건의 고독사가 발생한다고 보고 있다. 이에 반해 우리나라는 고독사 통계에 무연고 사망자를 함께 묶어 언급하여, 한 해 1,232명(2016년 기준)이 발생한 것으로 보고 있다.

무연고사는 고독사와 의미가 전혀 다르다. 연고가 불분명한 사망자가 발생한 경우, 가족이 없는 경우뿐만 아니라 가족을 찾아도 시신 인도를 거부해버리면 무연고사로 처리된다. 이른바 기피에 의한 무연고사다. 가족들이 시신을 인도받으려면 연고자를 찾을 때까지 소요된 기간 동안 병원 안치실 보관비, 병원에서 사망할 경우 그 기간 동안의 치료비, 시신 인도 후 장례비 등이 필요하다. 이 때문에 경제 사정이 어려운 가족들이 여러 가지 이유를 들어 시신 인수를 거부하는 사례가 증가하고 있다. 최근 무연고사가 증가하는 가장 큰 이유이기도 하다.

고독사는 이러한 유형의 무연고사 증가 차원의 문제로 접근해서는 안 된다. 또한 사망 경과 일수에 따른 시신의 부패 정도에 따라 정의한 고독사 개념은 본질에서 벗어나 있다. 사망 경과 일수에 따른 부패 정도는 사망 장소와 온도에 따라 달라지기 때문에 그 근거조차 모호하다. 따라서 감염예방에서 시신 부패 경과일수를 근거로, 사망 후 발견 시까지 3일 경과를 고독사 기준으로 내세우는 것은 억지 주장에 불과하다. 고독사는 바쁘게 성장해온 우리의 삶이 눈앞의 개발과 이익에만 맞춰져 있기 때문에 그 부작용으로 나타난 현상이다. 개인과 사회에 경고의 메시지가 담겨져 있다.

일본의 경우, 전후 베이비붐세대인 단카이세대의 도시화와 핵가족 문제, 즉 단카이세대와 그들의 부모세대 혹은 자녀세대와의 관계 단절로 인한 전통가족 해체, 이로 인한 주거, 생활, 의식의 변화, 아울러 성장 그래프가 꺾인 후 버블붕괴가 가지고 온 생활패턴의 변화, 평균 수명연장으로 인한 노령화 등의 문제가 복합적으로 포함되어 있다. 거기에 산업화와 기술의 발전으로 편의점, 인터넷쇼핑 등을 이용하면 일상에서 하루 종일 특별히 대화를 하지 않아도 생활할 수 있는 환경까지 갖추어졌다. 이처럼 복합적으로 나타난 사회 변화 속에 고독사는 하나의 공통된 사회 현상으로 발현된 것이다. 이 문제는 개인과 사회가 지금까지 미처 예상하지 못했던 일이 한꺼번에 터져 나온 것이다. 따라서 고독사 문제는 앞으로 발생할 수 있는 다양한 사회문제에 대비해 그 충격을 완화하기 위한 차원에서 대책을 세울 필요가 있다.

뉴턴은 관성을 '외부 힘이 가해지지 않으면 물체는 일정한 속도로 움직인다'고 정의한 바 있다. 힘에 의해 속력과 방향이 변하기 전까지 물체는 항상 기존의 운동 상태대로 움직이려고 한다는 의미이다. 사람의 생각과 행동은 관성의 법칙처럼 지금까지 하던 대로 하려는 습성이 있다. 습관에 익숙한 자신의 삶은 '당연'이라는 기준을 만들고 가치관이 되어 삶의 기준점이 된다.

일본의 전후 베이비붐 세대는 분명 많은 것을 이루었다. 한꺼번에 많이 태어난 덕분에 빠르게 성장할 수 있었고, 그 과실을 맛볼 수 있었다. 그런데 사람들은 생각지도 못한 문제에 봉착했다. 개인과 사회를 지탱했던 가족이 해체되었으며, 성장을 이끌었던 개인은 늙고 병이 들었다. 개인의 삶이 중시되고, 저출산으로 인해 이를 뒷받침할 그들의 자녀세대들은 인구 숫자가 눈에 보일 정도로 줄었다. 게다가 버블붕괴로 인해 경제적 문제까지 한꺼번에 발생했다. 심각한 저성장과 불경기로 인해 개인과 사회는 위기에 그대로 노출되었고, 그동안 자신들이 기대했던 기준에 미치지 못하는 생활을 하지 않으면 안 되는 처지에 놓였다. 여기서 자신의 삶을 방치해버리는 사람이 급격히 늘어났고, 증가할 우려가 있는 것이다. 그나마 가족처럼 동거인이 있다면 마찰을 피하기 위해 일정한 간섭을 받게 되지만, 혼자 생활하는 사람이 점차 늘어나고 있고 아무도 간섭받으려 하지 않는다. 이 때문에 사람들은 참기 어려운 쪽보다는 쉽고 편한 쪽을 선택하고 만다. 관성의 법칙처럼 사람도 혼자 있는 상황에 익숙해지면서 자신을 방치하게 되고 이는 결국 고독사로 연결되는 것이다.

우리나라는 8년이라는 간격을 두고 일본과 비슷한 인구 분포 현상을 보이고 있다. 일본의 단카이세대처럼 우리나라에도 베이비붐 세대가 있다. 일본에서는 2018년 한 해 사망자 숫자가 134만 명에 달했다. 2020년에는 사망자가 164만 명에 이를 것으로 예상하고 있다. 이에 반해 우리나라의 2018년 한 해 사망자 숫자는 28만 명이다. 일본 전체 인구가 약 1억 2,600만 명, 우리나라 인구가 약 5,200만 명임을 감안할 때 우리나라에 곧 어떤 일이 발생할지 충분히 예상할 수 있다. 일본이 먼저 경험한 사회 현상과 그에 따른 부작용을 파악한다면 우리나라에 일어날 수 있는 위험에 미리 대비할 수 있는 기회가 있다는 것이다. 눈앞에 일어나고 있는 현상만 보다가 눈에 보이지 않는 큰일이 닥치면 더 이상 손 쓸 틈도 없이 피해는 눈덩이처럼 커진다. 그로 인한 비용은 사회가 고스란히 떠안게 된다. 경제가 성장기에서 하향 곡선을 그리기 시작하면 모든 패러다임을 바꿔야 한다. 지금 고독사의 쓰나미가 밀려오고 있다.

　나는 우리나라에 고독사를 처음 소개한 사람으로서 강한 책임감을 느끼곤 한다. 많은 분들이 전문가를 자처하며 고독사 문제에 접근하지만, 문제를 제대로 파악하지 못하고 있는 것 같아 답답할 때도 있다. 그래서 나는 한 개인이지만, 최소한 제대로 된 통계를 작성하기 위해서라도 고독사 통계작업을 시도해보고자 한다. 이 때문에 한 대학의 장례행정복지과에 출강하게 되었고, 장례지도사 자격증을 취득하기도 했다. 장차 전국의 장례학과와 장례지도사를 연결해 장례식장을 이용하는 사망자들을 대상으로 고독사 통계를 시도해보고자 한다. 또한 고독사예방대책연구소를 설립하고 통계를 바탕으로 유품정리를 통한 심리부검을 실시하고자 한다.

　이러한 과정을 통해 고독사의 원인을 파악하고, 성별·지역별·세대별·직업별 관련 사례를 수집하여, 고독사를 예방하기 위해서는 어떤 정책이 필요한지 구체적인 대안을 제시해보려 한다. 예컨대, 내 경험에 의하면 고독사한 남성들 가운데는 일용직 노동자 분들이 많았다. 일용직 노동자들은 직업소개소를 통해 매일 다른 현장으로 파견되어 같은 일을 반복한다. 같은 일을 하지만 관리주체가 바뀌므로 출근 체크가 제대로 이루어지기 힘들다. 최소한 공공부분 건설 현장이라도 매일 같은 사람이 출근하도록 정책적으로 강제하고 출근 체크가 이루어진다면 중년 남성 가운데 일용직 노동자의 고독사는 현격히 줄일 수 있을 것이다.

고독사를 연구하는 전문가라면 고독사 위험군을 발굴하는 것도 중요하겠지만, 고독사가 발생하면 반드시 현장을 방문해 사례를 수집해야 할 것이다. 책상에서 이론과 생각만으로는 이해할 수 없고, 해결할 수도 없다. 자신이 가지고 있는 전문지식을 활용해 공통적으로 나타나는 사례를 유형별로 파악할 필요가 있다. 이를 바탕으로 정책 당국에 보고하는 체계가 갖추어져야 할 것이다. 일선 행정은 행정력을 동원해 관내에서 사례를 수집하고 동일한 유형의 고독사가 재발되지 않도록 예방하는 데 총력을 기울여야 한다.

　미약한 내 힘이 어디까지 미칠지 모르지만, 할 수 있는 능력 내에서 최선을 다하려고 노력할 것이다. 이것이 처음 고독사를 소개한 사람으로서 책임이고 임무이자 역할이라고 생각한다. 할 수 있는 모든 힘과 지혜를 다 합쳐 고독사를 한 건이라도 줄이지 않으면 안 된다. 그러기 위해서는 집주인들의 역할도 중요하다. 고독사는 집주인들에게 심각한 피해를 입힐 수밖에 없다. 결코 남의 일이 아니다. 집주인도 고독사의 당사자가 될 수 있다는 것이다.

　스스로가 고독사의 대상이 될 수 있다는 인식을 바탕으로 고독사를 피하기 위해 오늘부터 할 수 있는 일을 실천하길 권하고 싶다. 무모한 내 시도가 이 책과 함께 나비효과를 불러일으켜 누군가가 고독사와 관련한 제대로 된 연구를 하는 데 도움이 될 수 있기를 간절히 바란다.

고독사를 피하기 위해 오늘부터 할 수 있는 것 출처 : 「혼자라도 괜찮아요」 요시다 타이치, 후소샤

- ☐ 고독사를 자신의 일로 생각하자.
- ☐ 친구에게 전화를 해보자.
- ☐ 자기부터 남을 '인식'해보자.
- ☐ 하나의 '절친'보다 여럿의 '가까운 친구'를 만들자.
- ☐ 자신의 '건강한 상태'를 인지하자.
- ☐ '저녁식사 가족'을 만들어보자.
- ☐ 자신의 사망 나이를 미리 설정해보자.
- ☐ 상대방에게 부탁하는 것에 익숙해져 보자.
- ☐ 희로애락을 표현하는 환경을 만들어보자.
- ☐ 가능한 한 누군가와 무언가를 공유해보자.
- ☐ 자기보다 외로운 사람을 찾아보자.

당신은 고립으로부터 안전한가?

고독사를 예방하기 위해서는 스스로 자신이 고립되어 있는지 확인해보는 과정이 필요하다. 지나치게 심각하지 않게, 가벼운 마음으로 테스트에 임해 보기 바란다.

고립사 위험 체크리스트 출처 : 『고립사』, 요시다 타이치, 후소샤

☐ 식사는 인스턴트 식품 혹은 편의점 도시락을 주로 먹는다.

☐ 책이나 잡지를 바닥에 쌓아놓고 있다.

☐ 이불은 하루 종일 펼쳐진 상태로 놓여 있다.

☐ 옆방에 누가 사는지 모른다.

☐ 이성과의 교제가 귀찮고, 꺼려진다.

☐ 하루에 5시간 이상 집에서 컴퓨터를 하고 있다.

☐ '무엇을 하고 싶다', '무엇을 갖고 싶다'라는 욕구가 별로 없는 편이다

☐ 동기회, 동창회에서 불러도 참가할 생각이 없다.

☐ 집에서 혼자 마시는 술이 좋다.

☐ 5년 이상 혼자 생활하고 있다.

☐ 본가에 1년 이상 가지 않았지만 연락이 오지 않는다.

☐ 가지고 싶은 것이 있어도 돈이 없기 때문에 참는다.

☐ 식사는 거의 혼자 한다.

☐ 현금서비스나 카드론을 사용하고 있지만, 완전히 변제할 목표가 서 있
   지 않다.

☐ '재미있는 상태'보다 '고통스럽지 않은 상태' 쪽이 좋다.

☐ 쉬는 날은 집에 혼자 있는 경우가 많다.

☐ 일을 오래 계속하지 못한다.

☐ 방 배치를 거의 바꾼 적이 없다.

☐ 남의 눈에 띄는 것이 싫다.

☐ 부인(또는 남편)이 간호해 줄 것이라고 생각한다.

☐ 업무 이외의 일로 다른 사람과 함께 있는 것이 귀찮다.

☐ 집에 파손된 전자제품이나 가재도구가 있다.

☐ 싸움을 한 후 화해하지 않은 친구가 있다.

☐ 일을 마치고 귀가해도 누구와도 말하지 않는 날이 있다.

☐ 냉장고 안의 식품을 썩을 때까지 방치하는 경우가 있다.

☐ 어느 쪽인지 묻는다면, 아이는 좋아하지 않는다.

☐ 방 청소를 한 것이 언제인지 기억나지 않는다.

당신의 체크리스트에는 몇 개의 ∨가 표시되었는가?

보통은 이런 체크리스트에는 '자신에게 해당하는 항목이 몇 개입니까?' 또는 '몇 개 이상의 경우, 위험도는 몇 %입니다' 등의 진단결과가 준비되어 있지만, 여기에서는 굳이 그런 분석은 하지 않겠다. 다만, 이 체크리스트에 표시한 항목에 해당하는 숫자가 많을수록 위험도가 높은 것은 확실하다. 반대로 말하면, 이 항목에 기록한 것과 같은 생활스타일이나 생각을 하지 않는다면 고립사의 위험에서 멀어지는 것이다. 하지만 지금까지 오랫동안 해온 행동을 바꾸는 것은 어떤 사람이라도 힘든 일이다.

먼저 생각을 바꿔 보고, 점차 생활스타일을 바꿔 가면 좋지 않을까? 그리고 시간이 얼마 지난 후 다시 체크리스트 질문에 대답하려고 할 때 체크 항목이 몇 개나 줄었는지 직접 확인해보기 바란다.

후 · 기

유품정리 일을 시작하고 이십여 년이 흘렀다.

이삿짐 사업을 포함하면 실제로 삼십여 년에 걸쳐서 사람들의 물건을 여기에서 저기까지, 저기에서 여기까지 운반해준 것이 된다. 우리들이 운반하는 물건은 말 그대로 '물건'이지만 그것들은 단순한 물체를 넘어선 의미가 포함되어 있다는 느낌이다. 그 중에서도 고인(故人)이 남겨 놓은 '유품'은 한 사람의 인간이 살아온 증거이고, 또한 인생 그 자체가 아닐까 싶다.

그렇게 생각하기 때문에 날마다 일하면서 보고 들은 여러 가지 일들을 '현실에 있었던 일들'이라는 제목을 붙여 인터넷 블로그에 써 모았었는데, 후소샤(扶桑社) 출판사의 이카리(碇) 씨와 편집자인 시라자키 (白崎) 씨의 눈에 띄어 이렇게 한 권의 책으로 엮을 수 있게 되었다.

이 책을 마지막까지 읽어주신 분들께 마음 깊이 감사를 드리고 싶다. 문장의 표현에 다소 과격한 부분이 있을지도 모르지만 이것이 '현실'에 일어나고 있는 일이라는 것을 알아주었으면 하는 마음에 일부러라도 쓰게 되었다.

"자신의 일은 자신이 하세요."

어릴 때부터 우리들은 부모님과 학교 선생님으로부터 이런 말을 계속해서 들어왔다. 그러나 사람은 일단 죽으면 그렇게 할 수 없게 된다. 옷 갈아입는 것은 물론이고 이쑤시개 하나도 사용할 수 없기 때문에, 뒷일은 이 세상에 남아 있는 사람들에게 맡길 수밖에 없다.

내 자신을 포함해서 사람은 반드시 언젠가 이 세상을 떠나지 않으면 안 되는 날이 찾아온다. 불길한 말을 한다고 질책받을 수도 있지만, 불길하든 그렇지 않든 간에 '죽음'이라는 운명에서 벗어난 인간은 단 한 사람도 없는 것이 사실이다.

그 사람이 죽은 것처럼 언젠가 나도 죽는다.

"죽으면 죽는 것이지. 그 후에 들이 되고 산이 되어……." 이렇게 끝나는 문제가 아니다. 언제 자신이 죽더라도 남은 가족과 주위 사람에게 폐를 끼치지 않도록 준비하는 것은 '충실한 현재를' 살아가기 위해서도 매우 소중한 것이 아닐까 하고, 이 일을 하면서 생각하게 되었다.

내가 지금 가장 걱정하고 있는 것은 독거노인의 고독사(孤獨

死) 문제다. 얼마 전 신문에서 드디어 정부에서 '노인 고립사(孤立死) 제로'를 목표로 하는 법률이 시행되었다는 기사를 읽긴 했지만, 저출산 고령화가 더욱 진행될 일본이 절대적으로 피해갈 수 없는 문제일 것이다.

이 책이 그런 문제에 대해 생각해 볼 수 있는 계기가 된다면 필자로서는 기대 이상의 기쁨이다.

요시다 타이치(吉田太一)

후 · 기

십여 년 전 우연히 NHK TV에서 일본의 유품정리 전문회사를 소개하는 다큐멘터리를 본 적이 있습니다. '천국으로의 이사를 도와드립니다'라는 캐치프레이즈를 내건 일본 최초 유품정리 전문회사 '키퍼스'를 다룬 프로그램이었습니다. 고독사 현장을 깨끗하게 청소하고 시취를 없애는 일이었는데, 저는 이런 일이 우리나라에도 꼭 필요하고 누군가 나서야 하지 않을까 하는 생각이 들었습니다.

다큐멘터리를 보기 얼마 전, 부하 직원 하나가 바닷가에 갔다가 세상을 버린 일이 있었습니다. 착하고 인간미 넘치는 그는 형제처럼 살가운 사람이었습니다. 상심이 너무 큰 탓인지 십 년 가까이 운영하던 사업을 다시 생각하게 되었습니다. '그 동안 나만을 위한 사업을 해왔구나' 하는 후회가 갑자기 밀려오더군요. 부하 직원의 사고는 조금이라도 사회에 도움이 되고, 보람 있는 일을 해보자고 저를 일깨웠습니다. 마침 그때 키퍼스의 다큐멘터리를 보게 되었던 것이지요.

당장 일본에 있는 후쿠코에게 연락해서 키퍼스 사장 요시다 씨와 만나게 다리를 놓아 달라고 부탁했습니다. 토도로키 후쿠코(轟富久子), 저와 의남매를 맺은 일본인 누이입니다. 그녀와는 몇 년 전 일본에서 만나 많은 이야기를 나누었는데, 그녀는 오빠가 없고 저는 손아래 누이가 없어서 자연스럽게 의남매가 되었습니다.

나중에 요시다 씨를 일본에서 만났더니, 저와 후쿠코 사이를 부러워하는 눈치였습니다. 요시다 씨는 손아래 누이만 둘이기 때문에 항상 아우가 있었으면 좋겠다는 생각을 했었다고 합니다. 제가 먼저 "저도 형님이 없으니 이제부터 아우가 될까요?"라고 물었더니, 요시다 씨는 "그럼 이제 손아래 누이가 셋이 되었네." 하고 대답했습니다. 우리 셋은 웃고 이야기하며 하루 저녁을 잘 보냈습니다.

시간(時間), 공간(空間), 인간(人間)에는 모두 '간(間)'이란 말이 들어갑니다. 간격, 틈, 사이라는 뜻이지요. 저는 시각과 시각의 간격, 장소와 장소의 간격, 사람과 사람의 간격보다 그 '사이'라는 말이 더 마음에 듭니다. 같은 시공간에 살아도 사람들 틈에서 우리는 얼마나 서먹한가요. 저는 같이 기뻐하고 슬퍼하는 '공감'이 우리를 사람답게 하는 것이라 생각합니다. 요시다 씨와 후쿠코, 그리고 나는 나라도 다르고 세대도 다르지만 공감을 통해 새로운 가족이 되었습니다.

이 책에는 '고독사(孤獨死)'라는 말이 많이 나옵니다. 쓸쓸하게 죽는 이들은 가족이 없는 경우도 있지만 가족이 있어도 연락두절인 경우가 대부분입니다. 죽음이 쓸쓸한 까닭은 허울만 가족이고, 가족이 아닌 인간관계의 실종 탓이며 소통부족 탓이 아니겠습니까. 고독사 소식이 이제 우리 주변에서도 심심찮게 들려옵니다. 부모, 가족, 형제 그리고 가장 만나고 싶은 사람들에게 먼저 마음을 여는 것이 무엇보다 급하다는 생각이 듭니다. 간단한 엽서 한 장, 짧은 전화 한 통은 이 책이 숱하게 말하는 고독사를 막을 수 있는 최선의 방법이 될 수도 있을 것입니다.

저자 요시다 씨는 일본의 고독사를 이야기합니다만, 이제 남의 일이 아닙니다. 요시다 씨는 저를 만나러 부산에 오는 길에 우리나라 독거노인 실태와 우리 정부 및 지방자치단체가 어떤 노력을 기울이는지 알고 싶어 했습니다. 저는 부산의 중구노인복지관의 협조를 받아 그와 함께 독거노인 한 분을 찾아갔었습니다.

재래시장의 좁은 골목 안 단칸방에 연세가 아흔이나 되신 할머니가 혼자 살고 계셨습니다. 보증금 600만 원에 월세 10만 원짜리 이층집이었고, 조그마한 부엌이 딸려 있었지요. 화장실은 1층에 있고, 거동이 불편하셔서 오르락내리락하는 것만도 큰일이었습니다. 끼니는 노인복지관의 자원봉사자들이 월요일부터 토요일까지 매일 가져다주는 점심 도시락으로 해결하고 계셨습니다. 환갑이 넘어 아픈 딸 대신 고희를 넘긴 사위가 일주일이나 격주로 한 번씩 청소를 하는 것이 전부였습니다. 요시다 씨는 늘 이런 노인들의 형

편을 걱정하는 분입니다. 요시다 씨가 어떤 마음인지 아는 제 마음
도 아주 무거워졌습니다.

할머니에게 15년간 집을 빌려준 집주인은 혹시 할머니가 돌아
가시면 다른 세입자에게 임대할 수 없을까봐 걱정한다고 합니다.
가급적 살아 계실 때 다른 곳으로 이사를 가는 것이 어떠냐고 집주
인이 자주 종용한다고 할머니께서 말씀하시더군요. 집주인은 낡은
집의 수리조차 꺼린다고 합니다.

다른 곳으로 이사를 하려 해도 과연 방을 얻을 수 있을까 하는
것이 할머니의 걱정이었습니다. 살아 있는 동안이라도 보건소와
노인복지관이 가까운 지금의 단칸방에서 지낼 수 있었으면 하는
바람을, 한국말도 통하지 않는 요시다 씨에게 하소연하셨습니다.
알아듣지도 못하는 한국말을 모두 들어주며 눈시울을 붉히고 두
손을 꼭 잡는 요시다 씨에게서 따뜻함이 느껴졌습니다.

할머니 댁에서 돌아오는 길에, 요시다 씨는 할머니는 그나마
고독사할 걱정은 없다고 하더군요. 자원봉사자들이 매일 도시락을
전하며 할머니에게 관심을 가지고 있고, 긴급한 일이 생기더라도
전화기에 부착된 호출 버튼을 누르면 119에서 즉각 달려오는 안전
장치가 있기 때문이라고도 했습니다.

"최초의 유품정리 회사인 키퍼스의 목표는 무엇입니까?" 하고
요시다 씨에게 물었던 적이 있습니다. 그는 '유품정리란 이런 것이
다!'라는 매뉴얼을 만들고 싶다고 운을 뗐습니다. '살아 있을 때 가

지고 있던 것들은 죽고 나면 모두 유품이 된다. 하나하나 소중한 것들이기 때문에 함부로 다뤄선 안 된다. 그렇기 때문에 유품정리가 소중하고 가치 있는 일'이라고 하더군요. 저는 유품정리를 통해 사람의 따뜻함을 살리는 것이 키퍼스의 목표라고 이해했습니다.

얼마 전 도쿄에 가서 키퍼스의 스태프들과 함께 직접 유품정리를 한 적이 있습니다. 후쿠오카에 사는 딸이 혼자 살다 돌아가신 아버지의 유품정리를 의뢰한 건이었습니다. 딸은 스스로 정리하기엔 시간도 많이 걸리고, 동경까지 매번 오가는 수고 때문에 유품정리 전문 회사에 의뢰한 것입니다. 견적을 내기 위해 방문한 다음 날 실제 작업에 들어갔습니다. 처음으로 유품을 정리하면서 이것이 고인에게는 하나하나 소중한 물건이었을 것이란 생각에 가슴이 뭉클했습니다.

작은 다락방에 올라가 깊숙이 박혀 있던 짐들을 정리하던 중, 고인이 오랫동안 수집한 것 같은 가지런히 정돈된 옛날 동전 앨범을 찾았습니다. 동전의 액수는 그리 많지 않았지만, 고인은 자기 평생을 동전의 변화로 표현했을 것이라는 생각이 들었습니다. 고인이 살아 계셨을 때 만나 앨범을 한 장 한 장 넘기며 동전에 대해 듣고, 그분의 인생살이도 더불어 들었다면 좋았으련만 하는 생각이 들었습니다. 원룸 맨션을 모두 깨끗이 정리하고, 방에 의뢰인과 마주 앉아 동전 앨범을 건네자 유족은 잠시 눈시울이 붉어지더니 내내 '감사합니다. 감사합니다'란 말을 계속했습니다.

제가 한국에서 온 것을 안 의뢰인은 제게 느낌을 물었습니다.

저는 "진심으로 여러분과 같은 마음으로 유품 하나하나를 소중하게 다뤘습니다. 깨끗해진 방처럼 유족들의 마음도 위로가 되었으면 하는 게 제 바람입니다"라고 대답했습니다. 초로의 딸은 안경 너머로 제게 엷은 미소를 보여 주었습니다. 그때 비로소 '아, 이것이 요시다 씨가 말한 천국으로의 이사를 도와주는 유품정리업의 매뉴얼인가?'라는 느낌을 받았습니다.

일본 키퍼스의 도움으로 저는 유품정리 전문회사를 준비할 수 있었습니다. 요시다 씨는 유품정리 서비스의 노하우를 가르쳐 주고 심지어 키퍼스 심벌과 마스코트, 회사 이름까지 아무런 대가도 없이 쓰라고 했습니다. 형제이기 때문에 가능한 일이라는 생각이 듭니다. 준비가 끝나고 본격적으로 한국에서 유품정리 회사를 시작한지 삼 년이 지났습니다. 일본에서 접한 것처럼 많은 '고독한 죽음'이 우리나라에도 있다는 것이 사실이 아니라 믿고 싶었지만 너무나 많은 사례를 접하고 있습니다. 요시다 씨를 한국으로 초청해 여러 번 특강을 했습니다. 물론 일본에서 제작한 '고립사' DVD를 번역 제작해 무료로 배포하고 있습니다. 이 문제에 대해 요시다 씨와 계속 상의도 하겠지만, 고독사가 퍼지지 않도록 우리가 어떻게 해야 할 것인지 먼저 고민해야 하지 않을까 생각하고 있습니다.

일본의 '가족장 회사'도 그렇고, 우리네 '상조 회사'도 그렇고 사람의 죽음을 대하는 방식이 많은 변화를 겪고 있습니다. 사람들의 생각도 그만큼 변했고요. 지금 바로 이 순간에도 쓸쓸하게 죽음과 맞닥뜨린 누군가가 있을 것이고, 자신의 쓸쓸한 죽음이 발견되기를 바라며 죽어 가는 사람도 있다는 것을 독자 여러분이 생각해 주시기 바랍니다. 누구나 나이를 먹고 죽음을 맞이하게 마련이지요. 우리 자신이 죽음과 마주했을 때 쓸쓸한 죽음, 고독한 죽음이 되지 않으려면 이제라도 이런 일에 관심을 가져야 하지 않을까요?

외국어를 배워 외국인과 말하는 일은 새로운 세상, 새로운 인간관계를 만드는 일입니다. 변변찮은 실력이지만 이 책을 번역하면서 많은 것을 느꼈습니다. 우리나라에 미처 알려지지 않은 일을 소개하게 되어 보람이 있습니다. 책이 나온 사이 후쿠코가 건강한 사내아이 둘을 낳았습니다. 그리고 첫째가 벌써 초등학생이 되었습니다.

초벌 번역에 많은 시간 고생한 구민재 씨, 바쁜 일정을 미루고 감수해준 도쿄의 후배 권기법 박사, 출판사를 소개해준 친구 이성엽 박사, 이런저런 잔소리를 늘어놓는 임형석 박사에게 고맙다는 말을 전하고 싶습니다. 언제 자갈치 시장에서 소주 한 잔 함께 하면서 말이지요. 황금부엉이 홍종훈 부장님과 조연곤 씨, 자기 일처럼 함께 마음 쓴 많은 친구들, 가족들도 모두 고맙습니다. 마지막으로 아빠 없이도 자신의 목표를 향해 열심히 하는 딸아이에게 힘내라고 하고 싶습니다. 그리고 세상에서 가장 사랑한다고 말하고 싶습니다.

김석중

미주

1 시취(屍臭) : 시체 썩는 냄새.

2 사인(死因) : 죽음의 원인.

3 공양(供養) : 〈불교〉 ❶ 불(佛), 법(法), 승(僧)의 삼보(三寶)나 죽은 이의 영혼에게 음식, 꽃 따위를 바치는 일. 또는 그 음식. ❷ 독경과 예불을 함으로써 숭경의 뜻을 나타내는 일. 또는 그렇게 함으로써 사자의 명복을 비는 일.

4 배상(賠償) : 남의 권리를 침해한 사람이 그 손해를 물어주는 일.

5 파친코(ぱちんこ) : 동전을 넣고 기계를 조작하여 정해진 짝을 맞추면, 일정 액수의 돈 이 나오는 기계 등을 모아 놓은 도박장. 보통 빠찡코, 빠찡꼬, 빠칭코 등으로 불린다.

6 고독사(孤獨死) : 대개 혼자 사는 환자나 노인이 제대로 간호를 받지 못하고, 본인이 사 는 집 안에서 돌연사하는 것을 말한다. 특히 발병 직후에 도움을 받지 못하고 사망하는 경우가 많기 때문에 죽은 후 오랫동안 발견되지 못하는 경우도 적지 않다.

7 개호(介護) : 옆에서 돌보아 줌.

8 마찌(町) : ❶ [명사] 시가지. 시내. 읍내(邑內). ❷ [명사] 지방 자치 단체의 하나인 町ち ょう. (일반적으로 시(市)보다는 작고 이(里)보다는 커서, 대체로 읍(邑)의 크기와 비슷한 경우가 많음.)

9 노노개호(老老介護) : 나이 든 사람이 나이 든 사람을 돌보아 줌.

10 바르산 : 바퀴벌레용 살충제의 상품명으로 연막탄처럼 생긴 것.

11 스튜(Stew) : 재료를 한 곳에 모두 섞어 소스 팬에 넣고 장시간 푹 끓여 만든 국물 있는 서양 찌개 요리.

12 히키코모리(引きこもり) : 대인기피, 사회성 결핍 등이 원인이 되어 집 안에만 틀어박 혀 있는 상태를 말하는 것으로, 일본에서는 중요한 사회 문제로 인식되고 있다.

13 니트(NEET : Not in Education, Employment or Training) : 학생도 아니고 직장인도 아니 면서 그렇다고 직업 훈련을 받지도, 구직 활동을 하지도 않는 젊은이.